手语系列教材

U0783607

初级
手语翻译教程

主　编　肖晓燕
本册编写　沈　刚　董慧芳　高　昕　范娇娇
手语模特　周　旋　徐　林　易思雄　周艳艳
　　　　　卢　苇　刘　迪　曹小超
视频制作　手之声信息科技有限公司

上海外语教育出版社
外教社® SHANGHAI FOREIGN LANGUAGE EDUCATION PRESS

图书在版编目（CIP）数据

初级手语翻译教程 / 肖晓燕主编；沈刚等编著. -- 上海：上海外语
教育出版社, 2021 (2024重印)
　手语系列教材
　ISBN 978-7-5446-6876-7

Ⅰ.①初…　Ⅱ.①肖…②沈…　Ⅲ.①手势语－翻译－教材
Ⅳ.①H026.3

中国版本图书馆CIP数据核字（2021）第130652号

出版发行：**上海外语教育出版社**
　　　　　（上海外国语大学内）　邮编：200083
电　　话：021-65425300（总机）
电子邮箱：bookinfo@sflep.com.cn
网　　址：http://www.sflep.com
责任编辑：蔡丹丹

印　　刷：上海信老印刷厂
开　　本：850×1168　1/16　印张 8　字数 174千字
版　　次：2021 年 10月第 1版　2024 年 5月第 2次印刷

书　　号：ISBN 978-7-5446-6876-7
定　　价：37.00 元

本版图书如有印装质量问题, 可向本社调换
质量服务热线：4008-213-263

《手语系列教材》

主　　编：肖晓燕

本册编写：沈刚　董慧芳　高昕　范娇娇

手语模特：周旋　徐林　易思雄　周艳艳　卢苇　沈刚　刘迪
　　　　　曹小超　伊明光

视频制作：手之声信息科技有限公司

本教材为国家社科基金项目成果

项目名称：手语翻译教育的中国模式研究（19BYY105）

序 一

衷心祝贺国内第一套手语翻译系统教程出版！

厦门大学肖晓燕老师主编的"手语系列教材"即将出版，消息传来，我倍感激动。抗击新冠病毒疫情阻击战打响以来，天天在电视上看到国内外大小新闻发布会上不同民族、不同国度、不同性别和不同年龄的手语翻译向聋人受众传达人命关天的防控消息，作为一个翻译人，突然感到手语翻译此时无比重要，无比光荣。

试想，在中国就有2000多万聋人，全球更是多达4.66亿。听觉视觉没有问题的人遇到不知道的问题，可以通过视听和阅读两种渠道获取信息。在疫情面前，聋人自然成为弱势群体，手语翻译对于他们了解疫情防控至关重要。

作为国内出版的第一套从翻译学视角编写的手语翻译系统教程的编写者，肖晓燕老师一直令我敬佩。她出于大爱之心和对学问的专注追求，潜心学习和研究，在厦门大学开设了手语相关课程，并探索汉语-英语-中国手语的三语翻译教学。肖老师作为一名英语教师和翻译家，本来功成名就可以更加轻松地过日子，但是为了推动手语翻译教育，她2012–2013年作为中美富布莱特研究学者专程到美国加劳德特大学进修，观摩这所世界知名的手语研究院校手语翻译专业的本科、硕士和博士阶段的教学，并且跟堂上课，专心研究美国手语翻译人才的培养模式，成为我国翻译界为数不多的潜心研究手语翻译的学者。十多年来，她耐得住寂寞，吃得了辛苦，在厦门大学开设手语课程，探索中国培养手语翻译人才的道路，引起学术界的高度赞赏。现在又和团队推出了《手语轻松入门》《初级手语翻译教程》《中级手语翻译教程》《高级手语翻译教程》整套教材。这是国内首套从翻译教育框架进行手语翻译人才培养的系统教材，对社会贡献巨大，对手语人才培养意义深远，令人敬佩，值得祝贺！

大概是出于长期从事翻译工作的原因，我对手语翻译一直有浓厚的好奇心。在泰国举办的一次国际翻译会议上，看到来自不同国家的手语翻译同泰国不同民族的手语翻译在诗琳通公主面前切磋手语翻译的奥妙和疑难，我浮想联翩。我那时感到，手语翻译在国际上是门大学问，涉及全人类的有效沟通，用当今的语言来说，就是构建人类命运共同体的一个重要环节。我曾经向中国残联的朋友请教过，他们在国际上交流广泛，也深深感觉到手语翻译特别是国际手语翻译人才培养的迫切和重要。但我们必须看到，手语翻译教育在世界上很多地方，包括我们国家，还显得关注度不够。

十多年前在一次全国政协会议上我有幸与邰丽华委员并排而坐。在人民大会堂召开政协大会时，委员们按照界别而坐，我当时在对外友好界别，我右侧从前到后都是残疾人委员。我参会还有一个额外任务，就是帮助我们中国网的记者联系采访对象。那个时候，邰丽华主演的《千手观音》感动了千万观众，在世界上备受关注，风靡一时。那一刻，我很想跟邰丽华委员交流，邀请她接受我们的采访，但是我苦于不会手语，连"你好"的手语都不会，一时倍觉尴尬。经过一番折腾，最终还是在大会给残疾人委员们安排的一位手语翻译的帮助下才得以成功邀请邰丽华委员到中国网设在人民大会堂的演播室对她专访。如果在此之前，能有机会上过肖老师的课，或者读过肖老师的著作，多少学会一点儿手语，工作起来就会方便多了。

我遇到的这种困难和尴尬估计许多人也遇到过。现在这个困扰我们的问题终于有了破解途径。肖老师的这套教材来自于她对国际和国内手语翻译教育的研究和了解，来自于她自己多年的实践，又经过她和团队在课堂里的试用，根基牢固。教材由浅入深，环环相扣，特别是考虑手语学习的难点，采用了扫码看视频和图文并茂的方式。每一册15个单元，涉及学习者生活工作的各种场景，正好使用一个学期，实惠好用。更为重要的是，这套教材既可以在专业课程上使用，也可以供有兴趣的人补充自己的知识空白，了解手语翻译的奥妙，系统学习手语。

在这里，还应该衷心感谢上海外语教育出版社的同仁们。他们着眼我国的残疾人教育事业，重视满足社会需求，努力服务于人类发展，不追求名利，牢记自己的社会担当，出版这样一套社会急需的手语翻译教材。

教材的出版让我们有了更多的期待。南京特殊教育师范学院已经率先开设了国内首个本科手语翻译专业，全国各地许多学者都在探讨开设手语翻译硕士教育专业的可行性。手语翻译人才培养无疑十分迫切，但是这需要成建制的教师队伍，需要实用适用的教材。肖老师主编的这套教材的出版让我们看到了未来的希望和美好的前景。

相信在肖老师的开创下，有上海外语教育出版社的鼎力支持，这套教材的出版必将把手语翻译教育提到一个前所未有的高度，开辟出中国手语翻译的一片新天地。

黄友义

全国翻译专业研究生教育指导委员会主任

中国翻译协会常务副会长

第十一、十二届全国政协委员

2020年5月

序 二

　　很高兴能为厦门大学肖晓燕教授主编的这套"手语系列教材"做序，感谢肖教授对我的信任！

　　随着社会文明和人们素养的日益提升，手语对于大家来说并不陌生。它是聋人朋友们和外界交流的方式，是一门独立成体系的语言，体现着思想交流和情感表达。用手语表达和沟通是聋人朋友参与社会生活不可缺少的形式。

　　70年代，当我还是孩子的时候，我在马路上跟同学进行手语交流对话，往往会引来路人既好奇又诧异的目光。被这样"瞩目"多少让我和伙伴们感觉到不适和不自在。这种感觉直到现在还记忆犹新。但时至今日，无论走上街头，还是在商场或者咖啡厅这样的公共场合，我们都可以毫无顾忌地使用手语。大家自信而快乐地用自己的"语言"进行交流，内心的明媚无以言表。

　　2019年国庆节的前夕，中国残疾人艺术团接到国庆联欢晚会演出的通知。这是建国70年以来首次在这样的场合以特殊艺术表演形式（手语表演）来表达我们对祖国的祝福。当时我们每个人内心都十分激动，我们感受到了党和国家对残疾人群体的关爱和重视。在这举国欢庆的重要时刻，作为中华儿女的一份子，我们可以用我们特殊的方式——手语——向伟大祖国母亲献礼，献上我们最最诚挚的祝福。每次排练，我们内心都无法平静，每一次的演绎都让我们有不一样的感受和体会。正如《天耀中华》歌词中所唱的："我是多么幸运，降生在你的怀里。"每次用手语诠释这句歌词的时候，我都会热泪盈眶。

我经常带着中国残疾人艺术团出国演出，也看到了国外很多优秀的专业手语翻译员。他们出色的翻译让更多外国人能欣赏我们的演出，了解中国残疾人的艺术才华。近年来，党和国家对残疾人事业的发展格外关心、关注。越来越多的朋友想了解并学习手语和手语翻译，想更好地服务于各行各业的聋人朋友们，为他们搭建一个无障碍沟通的桥梁。随着国家文明程度的提高和社会经济的快速发展，聋人平等参与共享的机遇越来越多。全社会的理解和包容，以及高质量的手语翻译服务，让我们有尊严并幸福快乐地生活着。

　　肖教授是翻译专业的教授。她潜心研究手语翻译十多年，非常了解聋人的翻译需求以及目前国内手语翻译学习存在的短板。她的编写团队既有经验丰富的手语翻译员，也有优秀的聋人教师。我相信肖教授主编的这套手语系列教材是培养优秀手语翻译员不可多得的宝贵资源，必将是聋人与健听人沟通天地间最为浓墨重彩的一笔，必将为聋人与健听人之间的沟通起到更为有力的推动作用。

　　我更加相信，在大家的关爱和关心下，我们的世界不再沉寂！

邰丽华

中国残疾人艺术团团长

全国青联副主席

第十一届、十二届、十三届全国政协委员

2020年7月

前　言

　　本套手语翻译系列教材共分为初级、中级和高级三册，目标使用群体是有一定手语基础、或至少经过了《手语轻松入门》课程学习的手语爱好者和手语翻译专业学生。希望通过三册翻译教程的学习和训练，学员不仅可以进一步快速提升自己的手语理解（即看话）和表达能力，更重要的是训练手语翻译转换能力。编者希望这三本翻译教程和《手语轻松入门》一起，为手语学习者打造从入门进阶至高级的一站式解决方案。

　　本套手语翻译丛书充分遵循翻译教与学的内在规律，按照手语翻译经常遇到的场景、题材和话语类型进行选材，编排谨遵科学进阶原则，全书编写有以下几个突出特点：

1. **深厚的翻译理论支撑和引领：** 全套书的编排基于编者多年来在翻译和翻译教学理论方面的积淀。每课都以翻译理论的讲解开篇，初级和中级共30篇科普性的理论文章，系统讲解了手语翻译员应该了解的基本翻译概念和理论；高级教程中的理论主线则是围绕传译训练中的理解、记忆和表达三大块核心技能来展开的。

2. **翻译场景和题材基于真实性：** 三本翻译教程中选择的翻译场景都基于编写团队前期所作的充分调研，根据聋人最需要手语译员的场合以及手语译员最经常翻译的场合进行选取和编排。书中的对话和手语语篇都选自真实生活场景，多数来自聋人的原创语篇，因编排需要进行了一定的难度控制和改编。

3. **严格遵从循序渐进原则：** 全套书的练习材料由浅入深，由易到难，由日常话题到专业话题。全部语篇都经过了严格的难度和长度控制，比如口译手的语篇长度从初级的150–300字，到中级300–450字，而高级语篇则控制在大约400–550字.

4. **专业制作的优质视频：** 全套书按照高水准要求在专业的摄影棚拍摄，手语模特均为全国各地优秀的聋人手语使用者。在尽量使用国家通用手语词汇的同时，兼顾到不同地域和不同个性的手语特色，让学习者多接触、多练习，看懂原汁原味的聋人手语。

5. **环环相扣，精准衔接：** 在编写过程中，初级的最后一课和中级的第一课语篇难度对应，中级的最后一课和高级的第一课难度对应，以确保三本书的使用能够顺利衔接，自然进阶，使用者不会有难度上的跳跃感和不适感。

6. **提供参考译文：** 有过翻译学习和教学经验的人都知道，翻译没有唯一的标准答案，而是可以有不同的译文版本。全套书的所有对话和语篇翻译练习全部都有参考译文，且手语译文都是由手语为母语的聋人模特提供的。相信对于学习者来说，这些译文会有很好的参考价值。当然学习者也可以提出自己的甚至更好的翻译版本。

每册书分为15个单元。初级和中级教程每个单元都包含了五个板块：

第一板块是手语翻译理论讲解。这部分介绍手语翻译相关的基本概念和理论，让学习者通过使用教材对翻译的基本概念和理论有一个正确的认识，纠正手语翻译中存在的一些误区。

第二板块是译前准备。这个板块包括知识准备和词汇准备两个部分。这个板块的设置目的是提示学习者，每次具体的翻译任务前，都需要进行必要的知识更新和词汇扩展。

第三板块是对话传译。对话传译是一种互动性很强的双向传译，和语篇发言这样的单向传译面临的挑战并不相同。它也是译员经常需要面对的话语类型，因此也是训练的重点。

第四板块是语篇传译。每课包括手语口译及口语手译各一篇。本套书强调两个方向的传译比重应保持平衡，不能过分强调一个方向的翻译而忽视另一个。虽然对于很多学习翻译的听人学生来说，手语是弱项，但是训练中不仅应关注口语手译的练习，也应该重视训练学生看懂手语的必要性，还应该对学生译入口语的质量进行把关。

第五板块是参考译文。这个板块提供的参考译文虽然并不是唯一的标准译文，但希望能成为使用教材的老师和学生的得力帮手，尤其是手语译文都是由翻译能力较强的聋人模特提供的，可以给使用教材的师生一定的启发和借鉴。

高级教程的理论主线是围绕理解、记忆和表达三个核心技能构成展开的。每课在理论讲解后增加了技巧练习。这个部分练习以句子翻译为主，目的是为了让学习者巩固和消化该课讲解的技巧。高级教程没有对话传译，只有语篇传译以及参考译文。

本套书的对话和手语语篇全部可以通过手机扫描相应的二维码观看专业制作的配套高清视频，而口语手译的口语原文也可以扫描相应的二维码听到录音，方便学生练习时把控自己译入手语的速度和节奏。

本套书的编写团队是一支理论和实践经验都极其丰富的团队，既有在高校从事翻译教学和理论研究多年的教授，也有从事手语翻译工作实战经验丰富的一线译员，以及优秀的聋人手语使用者。编写团队从理论、实践两端把关，确保教材编写的科学性、专业性和实用性。

本套书的编写过程中，承蒙国家手语盲文中心主任顾定倩教授和王晨华老师提出了极为专业的改进建议。感谢中国聋人协会的大力支持以及手语委员会和手语翻译委员会的指导。同时也感谢厦门大学外文学院研究生李叶子、傅辰赟、周诗倩为教材的理论编写查找了大量资料。

本套手语系列教材适合作为高校开设手语翻译课程的教材使用，也非常适合有一定手语翻译基础的人自我提高，自学使用。

编者
2021年5月1日

目　录

第一课
导 医

本课内容提要

一、理论讲解
认识手语翻译

二、译前准备
2.1 主题知识准备

就医流程等相关问题

2.2 语言准备

就医引导相关短语及句子

三、对话传译
3.0 导医对话

四、篇章传译
4.1 手语口译

看医生经历

4.2 口语手译

聋人怕看病

五、参考译文
3.0 导医对话

4.1 手语口译

看医生经历

4.2 口语手译

聋人怕看病

认识手语翻译

手语（sign languages）是在聋人之间或在听人与聋人群体交流时使用的一种视觉手势语言。手语是和英语、法语、汉语等有声语言（spoken languages）一样受语法规则支配的人类自然语言。目前国际主要语言及语言学百科全书均将手语视为人类自然语言，并设有介绍手语的专门章节。

美国翻译家奈达指出，所谓翻译，是在译入语中用最贴近而又最自然的对等语再现源语的信息。首先要再现的是意义，其次是风格（谭载喜，1984）。同理，手语翻译是指将一种手语（如中国手语）表达的信息用一种有声语言（如汉语）或者用另一种手语（如美国手语）准确地表达出来，或者将有声语言表达的信息用手语表达出来。

手语翻译按照不同的标准有不同的分类方法。比如翻译界主要的一种分类方法是将翻译分为笔译（translation）和口译（interpreting）。在全国翻译专业硕士招生中口译和笔译是不同的招生方向。手语翻译其实也有"笔译"和"口译"之分。手语"笔译"（sign language translation）一般指的是有声语言的书面或口头形式与手语之间的信息转换。这种信息转换不是即时的、立刻的，而是事先准备好的或者提前录制的。比如飞机上的安全须知手语版、网页的手语视窗，或者为手语视频加上字幕等翻译形式，这些都是属于手语笔译的范畴。这种翻译形式常常可以由双语聋人来完成。

而手语"口译"（sign language interpreting），即手语传译，则指的是手语和另一种语言之间即时的、立刻的信息转换，比如口语发言时手语译员将口语译为手语，或者手语发言时译员将手语内容译为口语或者另一种手语。传译和笔译的最大区别在于信息传递是否是即时发生的。

手语传译还可细分为交替传译和同步传译两种传送模式。交替传译指发言人讲完一段停下来等译员译完再继续发言，在手语翻译的场合并不常见。而同步传译指的是源语发言和译语产出是同步进行的。因不需要特殊设备，手语传译多采用同步传译的方式进行，但交替传译仍可作为一种重要的传译训练形式。

二、译前准备

2.1 主题知识准备

  由于沟通不便，聋人在就医时会遇到很多障碍。由于普遍不懂手语、问诊时间有限等原因，医生无法和聋人患者直接交流，患者往往也无法清晰描述自己的病情，医患之间沟通非常困难。医生希望聋人能由听人家人、朋友或手语翻译陪同就医，而聋人不愿意过多麻烦他们，这就导致了聋人经常生了小病自己买药吃而不愿意去医院就诊的现象，小病有时也会拖成大病。毕竟，聋人和听人一样，也会感冒发烧，也会得肠胃炎、皮肤病等常见疾病。因此，提前了解普通医院就诊流程，有助于译员顺利完成陪同就医翻译工作。

  译员在接到陪同聋人就医任务前应该主动了解普通综合医院科室设置、医院一体机操作方法、病人就医流程等相关信息。可以查询当地医院的官方网站，了解医院就诊需要携带的证件、挂号的流程以及就诊、检验、配药等的具体操作。也可以在自己或者陪同家人就医时留心了解，积累相关知识。

2.2 语言准备

请熟悉以下医院常用词句：

内科系统：

感染病科	老年病科	精神卫生科
血液病科	肿瘤内科	职业病科
肾脏病科	普内科	中医科
消化内科	内分泌代谢病科	康复医学科
心内科	神经内科	全科医学科
呼吸内科	风湿免疫科	新生儿科

外科系统：

肝胆胰外科	心脏大血管外科	耳鼻咽喉科
胃肠外科	普胸外科	骨科
甲状腺疾病科	神经外科	妇科
乳腺疾病科	肿瘤外科	皮肤性病科
血管外科	麻醉科	整形外科
肛肠外科	眼科	整形美容科
泌尿外科(男性科)	口腔科	产科

常用句子：
- 你要挂什么科？网上有预约吗？
- 专家号还是普通号？看哪个专家？

三、对话传译

3.0 导医对话

情景介绍：

病人在医院与医生进行交流，请你为医生和聋人之间的对话做传译。

词汇与短语：

请扫描二维码，提前熟悉对话中的词和短语。

有什么需要帮助

头痛、咳嗽、发烧

第一次来

办病历卡

挂号

(1)选专家号还是普通号

(2)专家号和普通号你选哪个

满了

预约

放心

传译练习：

请扫描二维码，根据视频内容进行传译练习。也可三人一组进行角色扮演，一位同学扮演聋人患者，一位扮演医生，一位为手语译员。

📖 对话文稿

导医：您好，请问您需要什么帮助？

病人：你|好|我|要|看|医生，我|头疼|发烧|咳嗽。

导医：您是第一次来吗？

病人：是。

导医：那您要先办病历卡，然后挂号。我们有专家号和普通号两种。

病人：我|看|专家|可以(疑问表情)？

导医：专家号已经满了。您可以预约，星期五再来。

病人：好，星期五|来|手语翻译|有(疑问表情)？

导医：有的，您放心。

四、篇章传译

4.1 手语口译

● 看医生经历

情景介绍：

聋人小卢讲述自己的就医经历。

词汇与短语：

请扫描二维码，提前熟悉语篇中的词和短语。

感冒

排队

排队轮到我

听不见

手机打字

不耐烦

浪费时间

打发(人走)

下次带亲属来

生气

忍

传译练习：

请扫描二维码，根据视频内容进行传译练习，将手语同步译为口语。

📖 语篇转写：

我|感冒|咳嗽|发烧|2天|多，医院|去|看病。医院|人|们，排|多。我|只好|等++。排(→变少)|我，跑|到(→医生)|招呼。医生|抬臂垂拳(体态)+说话，我|听不见，手机|打字|给(→医生)|看(→手机)。医生|抬头(体态)|看(→我)|写字(→来回)|交流。医生|烦|不耐，病人|多，排队|等，写字|时间|浪费|有，沟通|障碍。医生|摇手|推(→我)|回家，以后|亲戚|带(→我)|来。我|看(→医生)|生气|忍。我|希望|以后|医院|手语|翻译|有|最+好。

4.2 口语手译

● 聋人怕看病

情景介绍：

一位经常陪聋人看病的听人介绍聋人看病难的情况以及可能的解决方案。

词汇与短语：

请扫描二维码，提前熟悉语篇中的词和短语。

发微信

陪他们看病

病了也讨厌去医院

家属

政府买单请翻译

有收入

不用花钱

传译练习：

请扫描二维码，根据音频内容进行传译练习。或两人一组，一人发言，一人练习传译。

📖 语篇文稿：

　　我的聋人朋友经常发微信叫我陪他们去医院看病。聋人最怕生病，生病了也很讨厌去医院。因为聋人和医生没法说话沟通，只能笔谈。可是笔谈很慢，浪费时间，医院里等待的病人太多，医生怕浪费时间，所以希望病人自己带家属或者带翻译来协助沟通。

　　现在有的城市有政府买单请翻译的服务。聋人生病可以请手语翻译。手语翻译有收入，聋人不用花钱。

3.0 导医对话

请扫描二维码，观看这部分的参考译文。也可提出自己的不同译法。

导医：您|好，需要|帮助|什么(询问表情)？

病人：你好，我要看医生，我头疼、发烧、咳嗽。

导医：您|来|第一次(询问表情)？

病人：是的。

导医：先|办|病历卡，再|挂号。指点第一指|专家|指点第二指|普通|两？

病人：我看专家可以吗？

导医：现在|专家|满。星期五|预约|可以。

病人：好的，星期五来也会有手语翻译吗？

导医：有|放心。

4.1 手语口译

● 看医生经历

请阅读这部分的参考译文，也可提出自己的不同译法。

　　我感冒、咳嗽、发烧，已经两天多，去医院看病。医院人很多，排长长的队。我只好无聊地等啊等。终于到我，我进去。医生低头说话，我听不见，手机打字给他看。医生抬头看我，发现我是聋人，只好写字和我交流。医生不耐烦，因为病人多，排长队等，写字浪费时间，沟通不顺畅。医生打发我回家，叫我下次带家人来看病。我生气，但只能忍着。希望以后医院有手语翻译，那就更好了。

4.2 口语手译

● 聋人怕看病

请扫描二维码，观看这部分的参考译文。也可提出自己的不同译法。

第二课
聋人孕产妇

合格的手语译员应具备哪些能力？

一般来说，一位合格的译员必须具备语言、知识和翻译转换能力这三项基本的知识和技能。

翻译涉及两种语言之间的信息转换，因此，合格的译员首先需要掌握两种语言。中国的手语译员主要工作语言为汉语和中国手语。翻译需要的语言能力是语言理解和语言表达两种能力。理解不仅包括理解标准语，也包括对语言变体的理解，比如有口音的普通话，有地方和个体特点的聋人手语等。调查显示，手语译员普遍觉得自己的看话能力（即手语理解能力）不足，因此需要有意识地加强看手语的能力。手语传译的表达能力则要求译员能够迅速地用准确的、贴切的语言来表达信息，表达时要求译员的语言使用清晰流畅，可理解。

掌握双语仅仅是成为合格译员的前提条件。译员还需要具备百科知识以及翻译场合涉及的专业知识才能准确理解源语，并用译入语表达信息。因此一名合格的译员会在平时不断扩充自己的知识面，在翻译任务之前进行充分的译前准备，熟悉将要涉及的工作内容和专业知识，从而保质保量地完成任务。

传译是在两种语言中不断切换，即时获取信息、记忆信息并表达出来的一个过程，因此合格的译员还需要有很强的"译"的能力，也就是在两种语言之间自由切换，从一种语言中提取所包含的信息，记忆、整理并组织信息，再用另一种语言表达出来的能力。

除了上述三大标配外，翻译职业对译员职业素养的要求也日益提高，因此合格的手语译员还必须拥有良好的沟通能力、合作能力和危机处理能力，严守职业道德规范，比如为客户保密、守时、客观、公正等。

二、译前准备

2.1 主题知识准备

　　孕检挂号、就诊、检验检查等流程与一般疾病就诊大致相同，可以参考第一课及第三课的"主题知识准备"。手语译员提前储备相关知识，有助于帮助聋人孕妇更详细地理解胎儿的情况，掌握照顾好自己以及胎儿的方法。

　　译员如果遇到陪同聋人孕妇、产妇就医的情况，应该提前熟悉女性孕期的注意事项以及产科检查须知，包括孕期各类检查的时间安排及具体操作要求等。一方面，译员可以在当地妇产科医院官网上找到相关信息；另一方面，也可以提前去相关医院科室获取宣教资料或者向身边亲友中的孕妇、产妇了解。

2.2 语言准备

请熟悉以下孕检常用词句：

常用词语：

妊娠反应

宫高

腹围

胎心音

妊娠期糖尿病筛查

电子胎心监护

羊水

胎动

胎位不正

顺产

剖腹产

常用句子：
- 开了几指？
- 怀孕几周了？
- 有没有哪里不舒服？
- 预产期是什么时候？

三、对话传译

3.0 医生与孕妇对话

情景介绍：

聋人孕妇在医院与医生进行对话，请你为医生和聋人孕妇之间的
对话做传译。

词汇与短语：

请扫描二维码，提前熟悉对话中的词和短语。

孕妇建卡	偶尔头晕
四个月	慢慢好起来
监测	需要注意什么
胎心	正常饮食
B超	适当运动
不舒服	心情愉快

传译练习：

请扫描二维码，根据视频内容进行传译练习。也可三人一组进行
角色扮演，一位同学扮演聋人孕妇，一位扮演医生，一位为手语
译员。

📖 对话文稿

医生：你建卡了吗？几个月了？

孕妇：有|快+四个月。

医生：先监测一下胎心。

孕妇：宝宝|有+问题(疑问表情)？

医生：胎心正常。你B超做了吗？

孕妇：下周|B超。

医生：最近有没有什么不舒服的地方？

孕妇：没有，偶尔|头晕。

医生：这很正常，慢慢就会好起来的。

孕妇：现在|需要|注意++|什么(询问表情)？

医生：正常饮食。保持适当的活动。最重要的，心情要愉快。

孕妇：好。我|知道。

四、篇章传译

4.1 手语口译

● 生孩子经历

情景介绍：

聋人小徐介绍自己待产及生孩子所经历的小故事。

词汇与短语：

请扫描二维码，提前熟悉语篇中的词和短语。

(1) 怀孕

(2) 大肚子

躺着送进医院

拦住

只好在外面等

待产

痛得翻来覆去

大喊大叫

受不了

不要用力

幸好运气不错

顺产

难产

传译练习：

请扫描二维码，根据视频内容进行传译练习，将手语同步译为口语。

📖 语篇转写：

我|肚子|怀|生|孩子，躺|送(→医院)。我|害怕+，妈妈|来|抓(→妈妈)|陪(→我)，医生|拦住，外(→来)|不能，妈妈(无奈)|在|外面|守候。我|躺|送(→产房)，躺(摇晃)|痛(体态)，医生|手机|打字|给(→我)|看，我|看(睁开眼)|痛(体态)|喝水|要(询问)？我|痛(忍耐)，看(强睁眼睛)(→手机)。我|躺(摇晃)|痛(体态)|喊叫，医生|跑来，手机|打字|给(→我)|看：用力|不，等++。幸好|孩子|生|熟，生|硬|没有。

4.2 口语手译

● 聋人产妇

情景介绍：

工作人员介绍医院为了确保聋人产妇生产顺利做的准备。

词汇与短语：

请扫描二维码，提前熟悉语篇中的词和短语。

生孩子对女人及全家人来说是件大事

生产过程

产妇和医护人员沟通

交流障碍

如果

事先备好

吸气、呼气

不要动

进入产房

传译练习：

请扫描二维码，根据音频内容进行传译练习。或两人一组，一人发言，一人练习传译。

📖 **语篇文稿：**

女人生孩子是一家人最重要的事情。生产的过程中产妇和医生护士沟通对生产顺利很有帮助。如果遇到聋人产妇，交流会有障碍。现在，医院碰到聋人产妇来生产，医生护士提前会准备好纸，纸上写着：吸气、呼气、用力、不要用力、不要动等等，用来和聋人产妇交流。希望以后会有专业的手语翻译进入产房，帮助聋人生孩子。

3.0 医生与孕妇对话

请扫描二维码，观看这部分的参考译文。也可提出自己的不同译法。

医生：病历卡 | 建了 (询问表情) | 几个月 (询问表情)？

孕妇：建了。快四个月。

医生：先 | 摸 (胎心) + 检查。

孕妇：我宝宝有问题吗？

医生：胎心 | 正常。摸 + 检查 | 做了 (询问表情)？

孕妇：下周做。

医生：最近 | 不舒服 | 有 (询问表情)？

孕妇：没有，就是偶尔头晕。

医生：正常 | 转变 | 好。

孕妇：我现在需要特别注意什么吗？

医生：吃 | 正常。合理 | 运动 | 心情 | 愉快 | 重要+。

孕妇：好的。我知道了。

4.1 手语口译

● 生孩子经历

请阅读这部分的参考译文，也可提出自己的不同译法。

我怀孕生孩子，被送到医院，很害怕。我抓住妈妈，要妈妈陪我，医生拦住，说不允许外人进产房，妈妈只好在外面守候。我一个人被推进产房，待产时痛得不行，医生用手机打字和我交流，问我痛吗，要喝水吗。我忍受着阵痛，还要强睁着眼睛看医生写什么字。快要生了，我痛得受不了，大喊大叫，医生赶忙制止，拿手机写字给我看："不要用力，等一等。"幸好运气不错，孩子生得顺利，没有难产。

4.2 口语手译

● 聋人产妇

请扫描二维码，观看这部分的参考译法。也可提出自己的不同译法。

第三课
看病经历

医疗手语译员的挑战

去医院看病是聋人最需要翻译的场合之一，因此医院也是手语译员最常工作的场所。医疗手语译员面临诸多特殊的挑战，主要包括以下几个方面：

一、专业知识及专业术语。译员需要学习很多医学背景知识，一些医学原理只有自己懂了以后才能更准确地翻译，否则只是单词的堆砌，可能会误导医生或病人。医疗翻译对准确性的要求极高，患者服药的剂量、时间或治疗方案等方面出现哪怕是很小的偏差，都可能对病人的健康乃至生命造成极大的影响。

二、医患关系。这主要是由于医生和患者的地位差异以及双方的专业背景和文化差异所导致的。在国内，由于门诊患者数量太多，医生有时顾及不了自己说话的语气。另外，每个医生的诊断方式、表述方式也不尽相同。有的医生会用简单通俗的方式告知患者不同的治疗方案以及预计能达到的治疗效果，也有的医生习惯使用专业术语，说话可能不容易懂。此时译员需要充分考虑患者的知识背景，尽量用患者能理解的手语表达出来，并灵活处理医生的语气，帮助建立和谐的医患关系。此外，聋人患者的复杂性也会带来挑战。每个患者都有自己的个体差异，比如有不同的病史，所能接受的治疗方式、治疗时间等等也都各不相同。在向医生叙述病情时，有的病人会将自己的情况主动积极地告诉医生，配合医生；也有的患者则对医生比较抵触，只会回答是或者不是，这样就会导致医生不能尽快掌握病情。作为译员，面对这样的个体差异时，需要积极采取相应的策略，选择一种适合的方式，让医生跟患者实现更顺畅的交流，以尽快缓解患者的病痛。

三、职业素养。医疗翻译场合涉及到患者的隐私，译员常常会了解到患者的病史等个人隐私信息。在多数情况下，译员接收到这类信息后，会遵循医疗传译的执业准则，严格保密。但如果患者不愿向医生透露的信息却具有重要诊断意义和价值，那么手语译员就面临伦理规范的挑战。此类情况并不罕见，患者常有难言的苦衷，碍于家人亲属在场，不愿在医生面前透露那些想隐瞒的病史，那么译员就陷入了是尊重患者隐私还是告知医生患者病史的矛盾之中。如果选择尊重隐私，可能造成医疗事故，译员也会在内心产生焦躁不安的情绪；如果选择告知病史，那么可能失去患者的信任。在这种情况下译员可考虑和患者进行单独沟通，告知其后果，希望患者能做出有利于自己病情的选择。

四、强大的心理素质。从事医疗传译工作面对的是伤痛和病痛，以及病痛中可能有较大负面情绪的患者，有的时候甚至还有被传染的风险。译员需要有很强大的心理素质，并能有合适的方式及时化解医疗工作环境带来的工作压力，释放负面情绪，保持自己的身心健康。

2.1 主题知识准备

如前所述，由于沟通不便，聋人普遍不愿意去医院就诊，小病有时也会拖成大病，不得不住院治疗。除了基础性挂号、问诊，聋人在医院就诊时还会遇到做各种检验、检查，以及住院时需要的沟通问题。其实，就算是听人，在自己生病的情况下，也很容易对医院的检验、检查操作流程产生疑惑，所以作为译员，提前了解这些相关信息，有助于提高陪同看病效率。

请结合前两课导医和产检的相关知识，主动通过医院官方渠道了解当地普通综合医院病人检验、检查、取药、交费等业务办理流程，特别是平时不一定经常会遇到的出入院手续办理、住院病人相关规定等信息。

2.2 语言准备

请熟悉以下就医常用词句：

常用词语：

头疼、发烧、拉肚子、咳嗽、流鼻涕、喉咙痛、胃痛、牙痛

抽血、拍片、核磁共振、CT、查视力

一天三次、饭后服用、空腹服用、睡前服用、吞服、冲水服用

打点滴、打针

押金、医保卡

常用句子：

- 你好，哪里不舒服？
- 我们是来办理入院的，现在有床位吗？
- 出院手续要怎么办理？
- 这是昨天的费用清单。
- 核磁共振在几楼做？

三、对话传译

3.0 感冒看医生

情景介绍：

聋人因为头痛到医院就医，请你为医生和聋人患者之间的对话做传译。

词汇与短语：

请扫描二维码，提前熟悉对话中的词和短语。

哪里不舒服	病毒性感冒
持续痛	抗病毒药
偶尔痛	药怎么吃
更加痛	1天3次，1次2片
血常规	按时吃药
化验单	

传译练习：

请扫描二维码，根据视频内容进行传译练习。也可三人一组进行角色扮演，一位同学扮演聋人患者，一位扮演医生，一位为手语译员。

📖 对话文稿

医生：你什么地方不舒服？

病人：我|头痛。

医生：是什么时候开始的？

病人：上周|快+一周。

医生：是持续痛还是偶尔痛？

病人：持续+痛，还有|喉咙|疼，双重。

医生：那有在其他医院看过吗？

病人：没有。

医生：好的，那你先去化验一个血常规。然后把化验单给我看一下。

（稍后……）

病人：我|有|问题(疑问表情)？

医生：是病毒性感冒，我等会儿给你开一些抗病毒的药。

病人：指点(药)|怎么|吃(疑问表情)？

医生：嗯，这个药是在饭前吃，1天3次，1次2片。

病人：好|我|会|按时|吃(药)。

四、篇章传译

4.1 手语口译

● 尴尬的翻译经历

情景介绍:

聋人小周介绍他的一位男性朋友到妇科翻译的尴尬经历。

词汇与短语:

请扫描二维码，提前熟悉语篇中的词和短语。

重听人

姓吕

好多次

文盲

帮 (我)

看妇科

找不到翻译

写字沟通不行，手语不行 (答非所问)

护士

妇科检查

平生第一次

难堪

难受

传译练习:

请扫描二维码，根据视频内容进行传译练习，将手语同步译为口语。

📖 **语篇转写:**

我|朋友|重听，指点(→他)|名字|吕，听力|好，说话|可以，到|医院|帮(→聋人)|翻译|屡。女|写|不能|平掌+颠倒|找(→他)，帮(→自己)|看(→妇科)，吕|不(体态)，女(体态)|帮(→自己)|翻译|拒绝(→自己)，吕|陪(→她)(勉强表情)|去|医院。妇科|护士|看|男|来|赶，吕(体态)|说|指点(→女)|写字|不能，护士(体态)|固执|不能|赶。吕(体态)|出|门外|等。两人|写字(→来回)|不能，手舞|错位|不能，扶额|喊(→他)|来，妇科|检查|翻译|全，翻译|结束，指点(→吕)|男|觉得|翻译|以前|积累|进|妇科|第一次|难受。

4.2 口语手译

● 有病要及时就医

情景介绍：

一位残联工作人员告诫聋人有病要及时就医。

词汇与短语：

请扫描二维码，提前熟悉语篇中的词和短语。

小病小痛

耽误病情

这是小事，无所谓

腰痛加重

病情恶化

痛得蹬腿打滚

确诊为肾结石

要是没有手语翻译

危险

传译练习：

请扫描二维码，根据音频内容进行传译练习。或两人一组，一人发言，一人练习传译。

📖 语篇文稿：

很多聋人小病小痛会忍着不去医院看病，有的会耽误病情。我一位朋友腰痛，开始的时候忍忍就过去了，后来腰痛加重，家人陪他去医院检查，结果是好的，就回去了。回去后他还是觉得痛。最后病情恶化，聋人腰痛难忍，痛得蹬腿打滚，家人赶紧打电话请了手语翻译陪同去医院检查，才确诊是肾结石。要是没有手语翻译协助沟通，耽误了病情，真的很危险。

3.0 感冒看医生

请扫描二维码，观看这部分的参考译文。也可提出自己的不同译法。

医生：你 | 不舒服 | 哪里 (询问表情) ？

病人：我头痛。

医生：什么时候 | 开始？

病人：上个星期，快一周了。

医生：痛 | 持续 | 偶尔 | 哪个 (询问表情) ？

病人：持续痛，还有喉咙疼，全都不舒服。

医生：指点 (其他) | 医院 | 去过 (疑问表情) ？

病人：没有。

医生：先 | 血常规 | 化验。再 | 化验单 | 给 (→我) | 看。

(稍后……)

病人：我有什么问题？

医生：病毒性 | 感冒 | 是，等 | 抗+病毒 | 药 | 给 (→对方)。

病人：这个药怎么吃呢？

医生：饭前 | 服药，1天 | 3次，1次 | 圆 | 2。

病人：好的，我会按时吃药。

4.1 手语口译

● 尴尬的翻译经历

请阅读这部分的参考译文，也可提出自己的不同译法。

我有一位重听朋友，姓吕，他听力好，说话也可以，常常帮助聋人到医院做翻译。有一位文盲女聋人找到他，请求他帮忙看妇科。吕赶忙推辞，女聋人说找不到其他翻译，吕只好陪她去医院看妇科。妇科护士见有男的进来，赶紧要吕出去。吕说女聋人不会写字，是文盲，护士依然不同意。吕只好出去在门口等。后来写字、打手语都没办法交流，护士只好又把吕叫去。在妇科检查时吕也在一旁翻译。吕说平生第一次进妇科做翻译，感觉太难堪了！

4.2 口语手译

● 有病要及时就医

请扫描二维码，观看这部分的参考译文。也可提出自己的不同译法。

第四课
银行办卡

本课内容提要

手语翻译的不同分类

手语翻译和英汉等其他语种的翻译一样，除了可以根据译文产出是否即时分为笔译和传译两个大类外，还可以根据翻译涉及的题材和场合分为新闻手语翻译、法律手语翻译、医疗手语翻译、教育手语翻译、科技手语翻译等不同类型。根据肖晓燕等（2018）的调研，聋人最需要手语传译服务却找不到译员的五大场合依次为医院、银行及邮局等公共服务部门、警察局及法院、会议场合和工作场所，体现聋人仍面临看病难、办事难、工作难等基本生活困境。但由于不同场合涉及的专题知识、参与交际各方的目的等不同，每个场合的手语翻译也有自己的特点。目前国内手语翻译职业发展尚在初期，针对不同题材和场合的专业型手语翻译人才培养还有待开展。手语传译员自身应主动学习不同场合中的专业用语及相关背景知识，以便更从容地应对实际翻译工作。

手语翻译还可根据翻译的语言方向来分为手语译入口语，即手语口译（voicing），或者口语译入手语，即口语手译（signing），或者是一种手语译入另一种手语（张宁生，2009）。这种分类法是国内手语界较为熟悉的。这种分类的意义在于探讨不同翻译方向的特殊性，从而训练手语译员应对不同的挑战。根据现有的国内外研究，手语译员普遍反映手语口译相比口语手译难度更高，这和手语这种视觉空间语言的简洁性和同步性很可能是密不可分的。

随着视频技术的普及，根据译员和客户是否身处同一现场，手语翻译还可分为线上的远程传译（remote interpreting）以及线下（即译员到翻译现场）的现场传译（on-site interpreting）。远程传译借助技术可以随时随地为聋人用户提供服务，但是不在现场也给译员带来了全新的特殊挑战。

手语传译根据交际话语的类型还可分为对话传译和语篇传译，比如陪聋人去看医生就是典型的对话手语传译场景，医生和病人之间进行即时的互动对话，译员需要进行双向互动传译，充当沟通桥梁。语篇传译则是为一整段发言进行单向的传译。

本教材中每课的练习题材选择都充分考虑了聋人生活中最需要手语翻译的场合所涉及的题材，每课的练习形式也都涵盖了对话和语篇这两种不同的话语类型，以充分训练译员应对不同场合和不同话语类型传译的能力。

2.1 主题知识准备

因为交流不便，聋人到银行办理业务经常遇到障碍。对比听人和各大银行业务的来往，聋人去银行的人次和业务量要少很多，业务范围也相对较小。聋人经常需要去银行办理的业务包括：存取款、汇款、办理信用卡、理财、挂失、取回被柜员机吞没的卡等。请主动了解这些业务的办理须知和程序，以备翻译之需。

请主动查看国内主要银行（工商银行、建设银行、农业银行、中国银行、招商银行等）的网页，了解其主要业务范围，以及办理的大致流程。同时，译员在自己去银行办理业务时也应该多加留意，了解大致流程和操作。

2.2 语言准备

请熟悉以下银行常用词句：

常用词语：

中国银行	民生银行
农业银行	借记卡
工商银行	贷记卡
建设银行	信用卡
招商银行	

常用句子：
- 您办理什么业务？
- 我要存钱、取钱。
- 存（取）多少钱？
- 定期利息多少？
- 填写个人信息。
- 请输入密码。
- 请问怎么办理借记卡/信用卡？
- 我想办理挂失（汇款、买基金、办理房贷）。
- 请您在票据上签名。

3.0 申办信用卡

情景介绍：

聋人小李到工行营业点办理信用卡，请你为银行工作人员和聋人之间的对话做传译。

词汇与短语：

请扫描二维码，提前熟悉对话中的词和短语。

办业务

信用卡

填表

个人信息

就能直接办了吗

审核

15个工作日通知

怎么联系

这个情况在表格里注明

等通知

传译练习：

请扫描二维码，根据视频内容进行传译练习。也可三人一组进行角色扮演，一位同学扮演聋人，一位扮演工作人员，一位为手语译员。

📖 **对话文稿**

工作人员：您好，您办什么业务？

小　　李：信用卡|我|想|办理，怎么|做(询问表情)？

工作人员：您先填表，把个人信息填好后再给我。

小　　李：表格|签完|直接|办(疑问表情)？

工作人员：信息填好，我们还要审核，15个工作日内我们会通知你。

小　　李：怎么|联系 (→我) (疑问表情)？

工作人员：我们一般都是电话通知。

小　　李：我|聋人|电话|不能。

工作人员：这个情况我会在表格中注明。您现在先回家等通知吧。

小　　李：办好了 (疑问表情)|谢谢。

四、篇章传译

4.1 手语口译

● 聋人开卡难

情景介绍：

聋人小李讲述自己到不同的银行办理信用卡屡次受挫的经历。

词汇与短语：

请扫描二维码，提前熟悉语篇中的词和短语。

只去那银行办理好多次

存取款

耐心

服务好

缺点

身份证号码

家庭地址

15天

没多久

那边发来短信

办理失败

传译练习：

请扫描二维码，根据视频内容进行传译练习，将手语同步译为口语。

📖 **语篇转写：**

我|是|聋人，我|去|银行|办|屡次，银行|钱|存取++|标准|屡次。银行|听人|看(→我)，知道|我|是|聋人，指点耳朵|不能，听人|看(→我)|不管++，写|交流，耐心|服务|好+，但是|缺点|什么|我|过去|到|银行|办|信用卡，听人|看(→我)|要|身份证|号码，2|家庭地址|3|名字|4|电话号码|给(→对方)|完成，听人|说|你|回去|15|天|内|通知|再|说。好|我|回家。等|屡|几天，突然|电话|来，电话(震动)|我|知道|是|银行，我|是|聋人|电话|不能，挂|1|挂|2|挂|3，屡次|不能。时间|一会|字(→自己)|说|你|办|信用卡|失败。摊手(无奈表情)。

4.2 口语手译

● 办理信用卡事宜

情景介绍：

银行工作人员介绍办理信用卡的情况，关注到聋人的特殊需求。

词汇与短语：

请扫描二维码，提前熟悉语篇中的词和短语。

工商银行

要求电话验证

挂掉电话不接

办理信用卡不能通过

反映情况

重视

有办法解决

传译练习：

请扫描二维码，根据音频内容进行传译练习。或两人一组，一人发言，一人练习传译。

📖 **语篇文稿：**

　　我是工行的一名工作人员，经常有聋人朋友来我们银行办理业务，一般我们可以写字沟通，但是也有时碰到沟通不了的情况。比如聋人办理信用卡，我们让他填写家庭地址、电话号码、名字、职业、收入等，写完让他回家等通知。办理信用卡要求电话验证，我们工作人员打电话给聋人，聋人一般都会挂掉电话不接，所以无法完成验证，这样信用卡办理就不能通过。

　　不少聋人反映了这个情况后，我们领导也很重视，相信很快会有办法解决。

3.0 申办信用卡

请扫描二维码，观看这部分的参考译文。也可提出自己的不同译法。

工作人员：你好|办|业务|什么（询问表情）？

小　　李：我想办理一张信用卡，怎么办理？

工作人员：你|先|表格|签，个人信息|签完|给（→我）。

小　　李：填完表就能办吗？

工作人员：签|好，我们|对照，15|工作日|内|我们|告诉（→你）|会。

小　　李：你们怎么通知我呢？

工作人员：我们|一直|电话|告诉（→对方）。

小　　李：我是聋人，我没办法接电话。

工作人员：（明白表情）|指点情况|我|表格|签|清楚。你|先|回家|等|告诉（→对方）。

小　　李：办完了？好的。谢谢。

4.1 手语口译

● 聋人开卡难

请阅读这部分的参考译文，也可提出自己的不同译法。

　　我是聋人，我一直去那家银行办理存取款业务很多次了，银行工作人员都认识我，知道我是聋人，听不到，就用笔谈方式耐心和我交流，服务非常棒。但是我曾到银行办信用卡，工作人员要我的身份证号码、家庭地址、名字、电话号码等，我把信息写给工作人员，工作人员最后告知我："好了，你可以回去了，15天内我们会通知你。"过了几天，突然来了电话，我知道这是银行的电话，但我是聋人无法接听，无奈之下挂掉，电话又打进来，我又挂掉，反复很多次。过了一会儿银行发短信通知我：信用卡办理失败。

4.2 口语手译

● 办理信用卡事宜

请扫描二维码，观看这部分的参考译文。也可提出自己的不同译法。

第五课
远程手语传译

本课内容提要

远程手语传译的类型

远程手语传译指的是译员和聋听用户不在同一场地，译员通过视频方式为聋听沟通提供即时传译服务的形式。远程手语传译分为视频手语传译和电话代拨两种类型：

视频手语传译（即VRI，Video Remote Interpreting），指需要沟通的聋听双方身处同一地点，通过网络视频APP或专用视频电话接通不在现场的手语译员，通过远程协助的方式进行沟通。视频手语传译让聋人有机会随时随地获得手语翻译服务，大大缓解了很多在当地找不到合格手语译员或者即使有合格译员但时间紧迫译员来不及赶到现场的困境。

在美国，VRI是一项付费服务，申请服务的一方需要支付费用。比如一位聋人前去一家公司面试，面试官会使用VRI服务，并承担费用，协助聋人的面试顺利进行。

电话代拨服务（即VRS，Video Relay Service），指协助聋人给听人打电话或者协助聋人接收电话。这种服务形式下，需要沟通的聋听双方通过手机APP或专用视频电话接通手语译员，译员和聋人通过视频沟通，译员和听人则通过语音进行沟通。

目前在国内，聋人使用APP提供的VRS服务的场合包括聋人和健听亲友沟通、餐厅订位、酒店预订、快递查询等。这项服务使得聋人可以和听人一样打电话。在美国、瑞典、澳大利亚等国家，VRS服务由政府相关机构进行管理并全额资助，聋人通过译员拨打电话，自己无需付费，接收电话的一方也无需付费。

2.1 主题知识准备

因为交流不方便，聋人去银行柜台办理水、电、气缴费时总会遇到很多困难，因此，学习并使用线上缴费对聋人来说是非常重要的。为了能更好地解决问题，译员需要主动了解这些业务的办理须知和程序，以备翻译之需。请主动查看所在城市的水、电、气缴费方法，提前熟悉网络缴费流程，关注所在城市的水、电、气缴费公众号，并学会使用支付宝等APP进行网络缴费，也可以向家中负责缴费的家人咨询具体操作。

2.2 语言准备

请熟悉以下缴费常用词句：

常用词语：

天然气

怎么回事

欠费充值

开通网络缴费

有线电视

常用句子：
- 您好，请问您需要什么帮助？
- 关注微信公众号进行绑定。
- 我想开通天然气自动代扣业务。
- 网上缴费要怎么办理？
- 我没有手机银行，怎么办？

三、对话传译

3.0 天然气欠费

情景介绍：

小王家里天然气欠费了，请你为工作人员和小王之间的对话做传译。

词汇与短语：

请扫描二维码，提前熟悉对话中的词和短语。

天然气

熄灭

家在哪个小区

海滨10号楼

欠费50元

开通网络缴费

没开通

关注微信公众号进行绑定

传译练习：

请扫描二维码，根据视频内容进行传译练习。也可三人一组进行角色扮演，一位同学扮演聋人小王，一位扮演工作人员，一位为手语译员。

📖 对话文稿

工作人员：您好，请问您需要什么帮助？

小　　王：你|好，我|家|天然气|没了，火|灭了(不知所措表情)。

工作人员：好的，请问您家是哪个小区？

小　　王：我|家|海滨小区|10号|楼|201。

工作人员：好的，我帮你查询一下。

小　　王：昨天|做饭，火|灭(突然)，欠费|是(疑问表情)？

工作人员：是的，欠费50。您有没有开通网络缴费？

小　　王：开通|没有+。怎么办(疑问表情)？

工作人员：您可以关注我们的公众号进行绑定，以后网上缴费就可以。

小　　王：怎么|做(迷惑表情)，帮(→我)|可以(询问表情)？

工作人员：没问题。好的，已经搞定了。

小　　王：谢谢++。

四、篇章传译

4.1 手语口译

● 试用手翻APP

情景介绍：

聋人小周介绍她在家里煤气打不着，通过视频手语翻译员请工作人员上门维修的经历。

词汇与短语：

请扫描二维码，提前熟悉语篇中的词和短语。

煤气燃不起来

轻易燃起来

拨打电话给煤气公司

想起

视频翻译公司

试试

帮我代打电话

接通(视频电话)、挂掉(视频电话)

(1)修理

(2)维修

才过了一小时

传译练习：

请扫描二维码，根据视频内容进行传译练习，同步将手语译为口语。

📖 语篇转写：

我|家里|煤气|火|不听。我|想|拨打(电话)(→煤气)|公司。我|聋人，打电话|障碍(无奈表情)。找(→朋友)|帮(→自己)|朋友|工作|忙。我|想起|视频|翻译|公司|有，我|试++，拨打(电话)(→翻译)|公司|视频|好。手语|翻译|人|热情|好(体态)|需要|帮助|什么(询问表情)。我|电话|不能|帮(→我)|代|电话(→煤气)|公司|来|给(→我)|修。手语|翻译(体态)|好|视频(体态)|通话。要(→我)|家|地址|给(→她)|视频|挂掉。等待|1小时|摸下巴+完了，指点(→门)|敲，人|来|我(惊喜表情)，煤气|公司|来|修。修|完整|火|熟。视频|手语|翻译|方便|好。

4.2 口语手译

● 美国视频手翻

情景介绍：

在无障碍会议上，一位代表介绍美国视频手语翻译的使用方法和范围。

词汇与短语：

请扫描二维码，提前熟悉语篇中的词和短语。

普及

通过特殊设备

订餐

订机票

订酒店

利用这个服务和家人沟通

免费

报酬由政府出

传译练习：

请扫描二维码，根据音频内容进行传译练习。或两人一组，一人发言，一人练习传译。

📖 语篇文稿：

  在美国，视频手翻代拨电话很普及。这种服务在美国叫VRS。聋人想给听人打电话，自己又听不到，障碍重重怎么办呢？他们可以通过特殊设备，或者APP，接通视频手语译员，让译员来帮他们打电话。视频接通后，聋人打手语和译员沟通，译员帮聋人拨通电话，再把听到的信息用手语告诉聋人。这种服务深得大家喜爱。有了视频手翻代拨电话，聋人可以订餐、订机票、订酒店或者找工作等等。很多聋人还利用这个服务和自己的家人沟通，非常方便。在美国，聋人打电话都是免费的。手语译员的劳动报酬由政府支付。

3.0 天然气欠费

请扫描二维码, 观看这部分的参考译文。也可提出自己的不同译法。

工作人员: 您|好, 需要|帮助|什么(询问表情)?

小　　王: 你好, 我家的天然气没了, 不知道怎么回事。

工作人员: 您|家|小区|哪里(询问表情)?

小　　王: 海滨小区10号楼201室。

工作人员: 好|我|帮(→对方)|检查。

小　　王: 昨天做饭时, 火突然灭了, 是欠费了吗?

工作人员: 是|欠费|50, 网络|缴费|开通|有(询问表情)?

小　　王: 还没有开通。要怎么办?

工作人员: 您|关注|我们|微信+公众号|手机|挂钩, 以后|网络|缴费|可以。

小　　王: 怎么做? 你能帮我吗?

工作人员: 没问题。做|全部|好。

小　　王: 太谢谢了。

4.1 手语口译

● 试用手翻APP

请阅读这部分的参考译文, 也可提出自己的不同译法。

　　我家里煤气突然打不着。我想给煤气公司打电话, 可我是聋人, 没办法打电话, 怎么办? 找朋友帮忙, 可朋友都上班, 也很忙。我想起有一个视频翻译公司, 可以帮助在线翻译。我来试试。接通了。翻译很热情地说: "你好, 需要什么帮助?"我告诉她我家煤气点不着, 要给煤气公司打电话来修。手语翻译员说: "好的。"我把电话号码告诉手语翻译, 翻译拨通对方电话, 和对方交流, 然后打手语给我看, 来回翻译。公司问了我地址, 电话挂了, 然后翻译那边视频也挂断。不到一个小时, 有人敲门, 我很惊喜。煤气公司的人来了。他们很快修好了, 煤气可以点着了。视频手语翻译真方便!

4.2 口语手译

● 美国视频手翻

请扫描二维码, 观看这部分的参考译文。也可提出自己的不同译法。

第六课
在线订餐

本课内容提要

远程手语传译的挑战

电话代拨服务（VRS）目前在欧美发达国家发展较成熟。以美国为例，VRS服务归美国通讯局管理，全天24小时提供。具体运营由私人公司负责，公司靠政府补贴盈利，服务时间越长，补贴越多。为了保护聋人权益，政府制定了VRS的相关规定，比如：80%的电话需在120秒内接听，手语译员不得拒接电话，手语译员不得故意更改或隐瞒不译对话内容，服务商须确保通话内容保密，手语译员不得记录任何通话信息等。

这些规定一方面保护了聋人权益，另一方面也为手语译员带来了不小的挑战和压力。比如译员只能通过通话设备与聋听双方交流，信息沟通不如现场面对面沟通顺畅；电话接通后译员需马上着手翻译，缺乏准备时间和通话的背景知识。另外，译员每天接到大量来自全国各地的电话，涉及到各类话题以及特色各异的手语方言。这些都要求译员有大量知识储备，有应对紧急情况的强大的心理承受能力。

而另一方面，激烈的市场竞争使得服务商必须不断提升服务品质，但同时也使得服务商为了逐利而重视服务时长，并不那么重视服务质量。

远程手语传译帮助聋人更积极地融入社会生活，尤其对于住在偏远地区的聋人来说，视频服务格外便利，随时随地可以获得。对手语译员而言，通过视频进行翻译意味着他们不用四处奔波，节省了时间和精力，获得了更多的工作机会。但是由于多数翻译任务都是临时的、突发的，而且涉及面极为广泛，往往不能提前准备，因此译员的工作也面临很大的挑战。

在我国，远程手语传译刚刚起步，这种翻译形式正在逐渐为聋人所认识和接受。

2.1 主题知识准备

目前，随着互联网的发展，订餐渠道从过去的电话订购转向了手机APP订购为主。手机APP订购虽然从一定程度上减轻了聋人的沟通障碍，但是在发生订单错误、送货不及时等问题时，聋人仍然难以通过APP直接获取相关信息。译员可以通过自己尝试、官网搜索等方法提前熟悉订餐APP的操作流程和常见问答，以便在聋人求助时提供帮助。

在聋人订餐遇到困难的时候，最及时的解决方案仍然是电话联系客服或配送员。这种情况下，手语译员需要帮助聋人清楚了解发生的情况。译员提前准备背景知识，有助于应对此类情况。

2.2 语言准备

请熟悉以下订餐的常用词句：

常用词语：

火锅	烧烤	蟹宴
本帮江浙菜	东南亚菜	台湾菜
日本菜	川菜	贵州菜
面包甜点	素菜	面馆
咖啡厅	东北菜	小龙虾
自助餐	湘菜	江西菜
小吃快餐	云南菜	家常菜
西餐	新疆菜	大厅
韩国料理	海鲜	包厢
粤菜	西北菜	最低消费

常用句子：
- 订的餐怎么还没到？
- 订单怎么被取消了？
- 订单取消了怎么退款？退到哪里？
- 如果对商家服务不满意如何进行投诉？

三、对话传译

3.0 我想预订今晚包间

情景介绍：

聋人想预订饭店的包间，请你为工作人员和聋人之间的对话做传译。

词汇与短语：

请扫描二维码，提前熟悉对话中的词和短语。

预订包间

帮您查一下

订满了

大厅

正好

靠海的大桌

加两把椅子

最低消费

传译练习：

请扫描二维码，根据视频内容进行传译练习。也可三人一组进行角色扮演，一位同学扮演聋人，一位扮演服务员，一位为手语译员。

📖 **对话文稿**

聋　人：今天|想|订|指点(包间)|有(询问表情)？

服务员：好的，请问您几位？

聋　人：人|12，包间|大|有(询问表情)？

服务员：请稍等，帮您查一下。抱歉，晚上的大包厢已经预订满了。

聋　人：没有(失望表情)|指点(其他包间)|还有(询问表情)？

服务员：只有4-6人的小包厢了。请问您可以看一下大厅吗？

聋　人：海边|大桌|有(询问表情)？

服务员：正好还有一个靠海的10人桌，可以为您加两把椅子。

聋　人：可以。订++|指点(酒店)|最低|消费|多少(询问表情)？

服务员：有的，包间每人最低消费200元，大厅没有。

聋　人：ok|订|指点(大厅)。

四、篇章传译

4.1 手语口译

● 手翻APP订餐

情景介绍：

聋人小徐介绍使用手语翻译视频APP在线订餐和预订座位的经历。

词汇与短语：

请扫描二维码，提前熟悉语篇中的词和短语。

聚餐

提前预订

没位置

同事

手语好

没关系

越来越多

身边没有手语翻译员

在线视频翻译APP

一切都能

钟意火锅

等两小时吃不消

传译练习：

请扫描二维码，根据视频内容进行传译练习，将手语同步译为口语。

📖 语篇转写：

我|聋人，平时|我|和|朋友|聚餐，一向|提前|订。比如|朋友|生日，我|找(→听人)|朋友|帮(→我)|电话|订，订|不|聚餐|人|满|位置|没有。我|同事|手语|好，我|电话|用|请(→她)|帮(→我)|电话，方便++。如果|朋友|不在，扼喉(手足无措表情)|没关系，现在|有|越(→多)|手语|翻译|视频|指点(软件)|好。如果|你|身边|手语|翻译|没有，你|可以|用|手语|视频|APP，帮(→我)|电话|联系(→周围)|沟通|扫射。我|朋友|多|喜欢++|火锅|钟意(→火锅)|记，聚(→去)|到处|店|全|排队(→长)|左看+右看(体态)|不好，两个|小时|等|吃不消，想起|用|手语|翻译|APP|视频|喊(→他)|帮(→我)|订餐，他|订|好，我|聚(→去)|等|十分钟|弹一好|进去(兴奋表情)|好|跑|大吃|味道|棒++。指点(→软件)|好|手语|翻译|APP|方便+|我|高兴。

4.2 口语手译

● 聋人来点餐

情景介绍：

快餐店接待（订餐）员向大家讲述自己接待聋人客人时的经历。

词汇与短语：

请扫描二维码，提前熟悉语篇中的词和短语。

便利店	冰可乐
快餐店	鸡腿饭
点餐员	想方设法
接待客人	写好内容
各种各样	遇到聋人
登记	微辣、中辣
特殊	结果效果很好
手足无措	决定要学习手语
不懂手语	交流顺畅
拿手机打字给我看	

传译练习：

请扫描二维码，根据音频内容进行传译练习。或两人一组，一人发言，一人练习传译。

📖 语篇文稿：

我是快餐店点餐员，我每天都要接待很多各种各样不同的客人，做好登记工作。今天我碰到一个特殊的客人，他是聋人。我第一次遇见聋人，我很紧张、手足无措，我完全不懂手语。幸好那个聋人拿手机打字给我看，他说要一杯冰可乐、一份鸡腿饭，我这才明白。但是我觉得写字交流太慢。我很忙，我没有时间一直写字交流。我就想办法做了一些卡片，写好内容，遇到聋人拿卡片给他们看，比如咖啡要冰的还是要热的，鸡翅要微辣、中辣，还是不要辣的。结果效果很好，这个方法交流方便。以后我一定要学一点手语。聋人也告诉我手语很有趣。学会了手语，遇到聋人交流起来才能真正顺畅。

3.0 我想预订今晚包间

请扫描二维码，观看这部分的参考译文。也可提出自己的不同译法。

聋　人：我想预订今天晚上的包间可以吗？

服务员：好|您|人|几(询问表情)？

聋　人：我们一共12位，请问，有这么大的包间吗？

服务员：等+，帮(→对方)|查。对不起|晚上|大包厢|订|满。

聋　人：没有？那还有其他包间吗？

服务员：4–6|人|小包厢|有。指点(大厅)|可以(询问表情)？

聋　人：有没有靠海的大桌？

服务员：正好|人|10|桌|靠海，椅子|给(→对方)|加|两|可以。

聋　人：可以。那就定下来吧。请问你们酒店有最低消费吗？

服务员：有，包间|每人|最低|200，指点(大厅)|没有。

聋　人：那太好了。就订大厅吧。

4.1 手语口译

● 手翻APP订餐

请阅读这部分的参考译文，也可提出自己的不同译法。

　　我是聋人，平时我和朋友聚餐，都会提前预订位置。比如有朋友生日，我会找我的听人朋友帮忙电话预订，不预订的话去了没有位置。我的同事会手语，我打电话都是请她帮忙，非常方便。如果她不在，找不到听人朋友帮忙也没关系，现在越来越多的在线视频翻译软件都很好。如果你身边没有手语翻译，你可以使用手语视频APP，它可以帮忙打电话，和外界沟通没有一点问题！我很多朋友都非常喜欢吃火锅，可是有家火锅店太火爆了，排长队，每次去都要等两个小时，真吃不消。我就想起用手语翻译APP提前预订位置。订好了，我们只要等十分钟就可以愉快地进去享受美食了，特别棒！手语翻译APP真的很方便。

4.2 口语手译

● 聋人来点餐

请扫描二维码，观看这部分的参考译文。也可提出自己的不同译法。

第七课
助聋补贴申请

本课内容提要

中美手语翻译职业现状一瞥

美国手语翻译职业化起步较早，职业化程度相对较高。1964年美国手语译员注册中心，即RID（Registry of Interpreters for the Deaf）成立，负责对全美手语译员进行资格认证和注册。1973年，美国通过了《职业康复法案》将手语翻译认定为职业，为聋人客户服务。美国目前有140多个手语翻译专业项目，提供从大专到博士的手语翻译学位。

在美国从事手语翻译工作需要通过RID认证。美国的手语翻译主要场所包括：政府、企业、学校、医院、心理诊所等。在美国首都华盛顿地区也有不少译员专门从事表演艺术类的手语传译，比如聋人去看音乐剧、话剧等演出时提出需求，剧场就必须为购票的聋人聘请手语译员。

中国有两千多万聋人，由于缺乏系统完善的手语翻译教育体系，国内现有的手语译员队伍在数量和质量上还不能满足广大聋人群体在社会生活、娱乐以及教育、就业等各方面的无障碍沟通需求。我国劳动和社会保障部（现人力资源和社会保障部）2007年将手语翻译列入新的职业信息之中，但是专职招收手语译员的岗位并不多。2012年国务院《无障碍环境建设条例》出台。根据条例的规定，截至2020年底国内已有300多家电视台播放配备手语译员的新闻节目。北京市残联目前已经推出了手语导医、法律咨询以及视频手语翻译服务的政府购买项目，其他城市（如厦门）也有政府购买手语翻译服务。

随着无障碍环境建设的推进，各地信息无障碍服务水平将不断提升，为聋人提供手语翻译服务是满足聋人群体信息无障碍需求的一个重要手段。

二、译前准备

2.1 主题知识准备

　　残疾人补助对于各类残疾人来说都非常重要，申请补助也是聋人生活中都会遇到的一件事情。聋人在申请补贴的时候，可能会由于沟通不顺畅、汉语书面语理解能力不足等原因遇到困难，手语译员应该提前了解相关政策、流程，以便在翻译时做好引导工作。作为手语翻译员，应该大致了解残疾人（特别是聋人）补贴工作政策及补贴申请、发放流程。可以查询国务院发布的相关工作制度，也可以在当地残联官网或办事处搜索了解相关信息。

2.2 语言准备

请熟悉以下助残补贴常用词句：

低保

低收入

重度残疾

农村五保供养

裸耳气导听力

《残疾人证》

《特困职工证》

《城镇居民最低生活保障金领取证》

《低收入困难家庭证》

《农村村民最低生活保障金领取证》

《农村低收入困难家庭证》

《农村五保供养证》

三、对话传译

3.0 助听设备补贴申请

情景介绍：

聋人在助听器店里购买助听器设备，请你为工作人员和聋人之间的对话做传译。

词汇与短语：

请扫描二维码，提前熟悉对话中的词和短语。

助听器	不同档次	不同品牌、不同型号
政策	相应	申请表
（1）补贴	成年人配置	残疾证
（2）补助	自付	复印
免费评测	最高	

传译练习：

请扫描二维码，根据视频内容进行传译练习。也可三人一组进行角色扮演，一位同学扮演聋人，一位扮演工作人员，一位为手语译员。

📖 对话文稿

聋　　　人：你|好|我|想|问|事。

工作人员：您好，您请说。

聋　　　人：我|准备|购买|助听器|两。朋友|告诉（→我）|政策|补贴|有，是（疑问表情）？

工作人员：是的，根据政策，听力残疾人是可以免费评测的，购买不同档的助听设备有相应的补贴。

聋　　　人：拍手（笑），我|给（→自己）|戴，补贴|最高|多少（询问表情）？

工作人员：成年人配置助听器，自付部分的补贴最高为每只耳朵6000元。

聋　　　人：申请|助听器|对|牌子|型号|要求|什么（询问表情）？

工作人员：不同品牌、不同型号的助听器，有相应的补贴，您请看一下这里的补贴表格。

聋　　　人：我|看|知道，我|怎么|申请|补贴（疑问表情）？

工作人员：您可以先填写一个申请表，我需要将您的身份证和残疾证复印一下。

聋　　　人：好。

四、篇章传译

4.1 手语口译

● 女儿可以申请补助

情景介绍：

一位聋人介绍女儿申请国家补助做人工耳蜗的情况。

词汇与短语：

请扫描二维码，提前熟悉语篇中的词和短语。

去年生	省康复医院
不满一周岁	术后康复训练
确诊听力有问题	上门指导
附近	安慰
街道残联	急救性康复对象
人工耳蜗手术	救助及时有效
自行配装	困难
一次性最高补助	

传译练习：

请扫描二维码，根据视频内容进行传译练习，将手语同步译为口语。

📖 语篇转写：

我|和|妻子|是|聋人，去年|生|女儿，现在|没到|1岁。医院|检查|证实|指点一她|听力|有|问题。我们|俩|夫妻|急++(焦虑表情)！不知道|怎么办(手足无措表情)。正好|我|家|附近|有|残联|工作|人员|告诉(→我)，着急|不要，孩子|去|割(→耳朵)|可以，补贴|有。如果|自己|力|去|割(→耳朵)，可以|最高|补贴|10万，如果|单(→医院)|办|割(→耳朵)|全|免费，有|补贴|1万|2千|学习|说话|康复|2万|4千。他们|可以|上门|指导(→我)，帮助(体态)|办理|盖章，安慰(→我)，0|到|6岁|可以|急|救，如果|救|时间|准确，孩子|康复|说话|听人|相等|没有(区别)。我们|真的|感谢++，在|我们|困难|时候|给(→我)|希望！

4.2 口语手译

● 聋童父母的焦虑

情景介绍：

在一次分享会上一位专家讲述聋童父母的焦虑。

词汇与短语：

请扫描二维码，提前熟悉语篇中的词和短语。

听力有问题

四处求医

花多少钱不在乎

没有改善

回忆小时候的经历

去了很多医院

难喝的药

苦不堪言

耽误了语言发育

认知能力发展

其实

国内外

语言输入

大脑发育

滞后

传译练习：

请扫描二维码，根据音频内容进行传译练习。或两人一组，一人发言，一人练习传译。

📖 **语篇文稿：**

父母生下孩子，最大的愿望都是孩子健康。所以很多父母，当知道孩子听力有问题时，他们都非常着急，非常焦虑。他们带着孩子四处求医，花多少钱也不在乎。经常存款花光了，房子没了，孩子的听力却并没有改善。很多聋人朋友回忆小时候的经历，都是在各种医院看医生，喝各种各样难喝的药，回想起来都苦不堪言。很多孩子，小时候忙着治疗，耽误了语言的发育和其他认知能力的发展。其实国内外都有不少研究证明，聋孩子只要从小有足够的语言输入（比如手语），他们的大脑发育就会和健听孩子一样，不会滞后。

3.0 助听设备补贴申请

请扫描二维码，观看这部分的参考译文。也可提出自己的不同译法。

聋　　人：你好，我想咨询一些事。

工作人员：你|好，说|请。

聋　　人：我准备购买一对助听器。听朋友说政策上有补贴，是吗？

工作人员：是，根据|政策，聋人|检查|免费，购买|助听(设备)|档次|不同|相应|补贴|有。

聋　　人：太好了，我是给自己配的，补贴最高多少钱？

工作人员：大人|配置|助听器，自付|部分|补贴|最高|指点(耳朵)|1|6000。

聋　　人：申请助听器补贴对牌子型号有什么要求？

工作人员：品牌|不同|型号|不同，相应|补贴|有，补贴|表格|看(→表格)。

聋　　人：我看明白了，我要怎么申请补贴呢？

工作人员：你|申请|表格|写|可以，你|身份证|残疾证|复印。

聋　　人：好的。

4.1 手语口译

- **女儿可以申请补助**

请阅读这部分的参考译文，也可提出自己的不同译法。

　　我和我妻子都是聋人，去年我们生了一个女儿，现在不满一周岁，刚刚确诊也有听力问题。我们夫妻俩急得不行，不知道该怎么办！街道残联的工作人员告诉我们，不要太着急，孩子可以装人工耳蜗，还有补助。如果自行装配人工耳蜗，可以有一次性最高10万的补助，如果由省康复医院装配人工耳蜗可以免费，还有手术补助1.2万和术后康复训练补助2.4万。他们会上门来指导我们，协助我们办理相关申请手续，还安慰我们说，0到6岁儿童属于急救性康复对象，如果救助及时有效，孩子会和听人孩子没有太大区别。我们真的非常感谢，在我们最困难的时候给我们一丝希望！

4.2 口语手译

- **聋童父母的焦虑**

请扫描二维码，观看这部分的参考译文。也可提出自己的不同译法。

第八课
无障碍信息服务

本课内容提要

手语译员的角色

手语译员和其他语对的译员一样，是语言不通的交际各方顺利沟通的桥梁，是交流的促进者和协调人。译员在交际过程中所扮演的具体角色还可能因为交际的场合、目的、模式等因素而有所不同。纵观各国手语翻译历史，人们对译员角色的认知也经历了一个演变过程。

在手语翻译职业化程度不高的地方，由于聋人是社会的弱势群体，手语译员是对他们最理解、与他们接触最多的听人群体，因此聋人用户常常会期待译员能够帮助维护聋人权利，译员也经常为聋人提建议，帮助聋人做决定，扮演着聋人的代理人、保护者或者帮手的角色。

随着手语翻译职业化程度的提高，以及聋人受教育程度和社会地位的提升，人们意识到译员的基本职责是协助语言不同的各方顺利沟通，他们应该是"传声筒"，是导管，是信息的搬运工。他们的工作就是把聋人或听人用户表达的信息和意图如实地传达给对方，而不是来替聋人说话或者为聋人做决定的。

目前，越来越多的学者认为，译员是交际场合的双语、双文化协调人。他们的根本任务是帮助双方实现无障碍沟通。因此译员的角色定位是交际促进者，是文化中介。有时为了准确传达一方真正的交际意图（比如要表示出友善和关心），在语言层面可能需要做出一些改动和调整，因为直译传递出的信息反而有可能是不友善、令人尴尬的。这种为了达到交际意图进行的语言层面的改变仍然是忠实于源语信息和交际意图的。

译员有时还会被当作替罪羊或者背锅侠。有时候遇到语言障碍或文化冲突，交际失败，用户可能会抱怨是由于译员失职干扰了交际活动，找译员来替罪或者背锅。

译员角色的演变从一个侧面反映了翻译行业的职业化进程。中国的手语翻译仍处于职业化初期，手语译员如何扮演好自己的角色，是个值得翻译学术界以及实践界进一步探讨和研究的话题。

二、译前准备

2.1 主题知识准备

　　无障碍信息服务，对于聋人来说，主要指的是远程视频手语翻译服务、语音转文字技术、为影视作品添加手语翻译或字幕等。远程视频手语翻译服务是一种基于视频通话技术的翻译服务形式。视频技术的运用可以打破空间限制，最大限度发挥数量有限的手语译员的作用。目前，国内一些手语翻译公司的主要服务形式是远程视频翻译。

　　其次，无障碍信息服务的另一个重要形式是语音转文字。目前，中文的语音识别技术已相对成熟，不少大公司的语音识别软件已经可以将普通话、粤语以及带有地方口音的中文转换为文字，这大大方便了聋人对信息的接收。

　　无障碍信息服务的载体普遍是网站或者手机APP，一些大公司都开发了自己的手机APP，提供远程视频手语翻译服务，并配备语音转文字功能。请下载相关APP并阅读使用须知，提前熟悉工作流程。

2.2 语言准备

请熟悉以下关于无障碍信息的常用词句：

常用词语：

语音文字转换

科大讯飞、百度、谷歌、腾讯

常用句子：

- 您好，我是手语翻译，您需要什么帮助？
- 好的，我了解了，请稍等，我帮您联系相关部门（人员）。
- 您的需求已经反馈了，这是回复意见。
- 请问您还有别的事情吗？
- 请对我的服务做出评价，谢谢！

三、对话传译

3.0 拨打急救电话

情景介绍：

聋人的妈妈突然倒地，拨打120急救中心，请你为工作人员和聋人之间的对话做传译。

词汇与短语：

请扫描二维码，提前熟悉对话中的词和短语。

突然摔倒	有意识
急救	看起来很痛苦
冷静	有反应
西湖区龙井小区几栋几号	救护车
病人现在情况	小区门口接应
观察	清醒

传译练习：

请扫描二维码，根据视频内容进行传译练习。也可三人一组进行角色扮演，一位同学扮演聋人，一位扮演接线员，一位为手语译员。

📖 对话文稿

聋　　人：快++|我|妈妈|突然|摔倒！来++|救|快++(焦急表情)！

120热线：冷静，您的位置在哪里？

聋　　人：指点(这里)|龙井|小区。

120热线：是西湖区龙井小区吗？几栋几号？

聋　　人：龙井|小区|楼|2|门牌|102。

120热线：请告诉我病人现在的情况？

聋　　人：她|浴室|门口+摔倒(不知所措表情)。

120热线：立刻观察病人，她现在还有意识吗？年龄多大？

聋　　人：有++，她|捂胸，表情|痛苦+|年龄|69。

120热线：你叫她是否有反应呢？

聋　　人：是++，我|喊+|她|皱眉|摇头。

120热线：我们马上派救护车过来，联系电话是多少？

聋　　人：我|弟弟|电话|号码|给(→对方)。

120热线：救护车应该十分钟就会到，最好有人在小区门口接应。

聋　　人：好++。

四、篇章传译

4.1 手语口译

● 语音转文字APP

情景介绍:

聋人小周介绍如何使用语音转文字APP解决生活中遇见的交流信息障碍。

词汇与短语:

请扫描二维码,提前熟悉语篇中的词和短语。

家长会

讯飞

语音转文字

下载

拍残疾证上传

免费试用一年

做报告

有偏差

了解大概内容

比过去好

传译练习:

请扫描二维码,根据视频内容进行传译练习,将手语同步译为口语。

📖 语篇转写:

大家|好! 以前|我|参加|父母|会议,老师|找(→我)|交流,听人|交流,办事|银行|医院|指点(指头)|全|写++,麻烦。最近|朋友|告诉(→我)|手机|安装|APP,名字|讯飞|指点(→手机)|方便,什么(体态),说(体态)|语音|改字|可以,好(体态),我|下载,身份|名字|点|好,残疾证|拍照|上传,等|三天,看(手机)|通过,残疾证|有|一年|免费,没有|付费|要,贵|一点点。以后|再|父母|会议,老师|报告|我|文字|显示(→手机)|看(→手机)。说话|不准|字|不对,不管|看(→手机)|上(→下)|意思|知道,过去|相比|知道|没有|比(→过去)|好。

4.2 口语手译

● 无障碍环境

情景介绍:

残联工作人员讲解无障碍环境的涵义，特别指出信息无障碍对于聋人的重要性。

词汇与短语:

请扫描二维码，提前熟悉语篇中的词和短语。

无障碍环境建设	电视剧
无障碍通道	电视节目
残疾人卫生间	加字幕
方便肢体残疾人的无障碍设施	最有效
方面	保障
忽视	确实
信息无障碍	带来了便利
政务信息公开	随着……力度加强
电影	专业化

传译练习:

请扫描二维码，根据音频内容进行传译练习。或两人一组，一人发言，一人练习传译。

📖 语篇文稿:

说到无障碍环境建设，大家都会想到无障碍通道、电梯、残疾人卫生间等等，这些都是方便肢体残疾人的无障碍设施。但是无障碍环境还有一个方面常常被忽视，那就是信息无障碍，包括政务信息公开，电影、电视剧中加字幕、配手语翻译。对于聋人来说，信息无障碍是最重要的，而保障信息无障碍最重要的手段是手语翻译和字幕服务。目前语音转文字的技术不断进步，确实为很多聋人带来了便利。但是手语翻译对于多数聋人来说还是更加直接有效的无障碍手段。我相信，随着国家无障碍环境建设力度的加强，手语翻译教育和服务也会越来越专业化。

3.0 拨打急救电话

请扫描二维码，观看这部分的参考译文。也可提出自己的不同译法。

聋　　人：快！我妈妈突然倒地了！快来急救！

120热线：冷静，你|在|哪里(询问表情)？

聋　　人：龙井小区！

120热线：西湖|区|龙井|小区|是(确认表情)|楼|几(询问表情)？

聋　　人：龙井小区2栋102室。

120热线：告诉(→我)|她|现在|情况(询问表情)？

聋　　人：她倒在浴室门口。我现在不知道该怎么办？

120热线：立刻|观察|病人，她|现在|意识|有(询问表情)|年龄(询问表情)？

聋　　人：有有有，捂着胸口，表情看起来非常痛苦。69岁。

120热线：你|喊++(→她)|反应|有(询问表情)？

聋　　人：是的，我大声叫她会皱眉轻轻摇头。

120热线：我们|马上|派|救护车(→移动)，电话|联系|多少(疑问表情)？

聋　　人：我给你我弟弟的电话。

120热线：救护车|应该|10分钟|到+，最好|有|人|小区|门口|等。

聋　　人：好的。

4.1 手语口译

● 语音转文字APP

请阅读这部分的参考译文，也可提出自己的不同译法。

　　大家好！以前我参加家长会、老师有事和我交谈、和听人朋友交流，还有去办事、去医院等，都只能笔谈，很麻烦。最近聋人朋友告诉我，手机安装叫讯飞的翻译APP会很方便，我问这东西是什么用途？他说这能把语音转换为文字。我听着觉得不错，就下载了。把相关信息都填完后，拍了残疾证上传。等过了三天，验证通过后就开始启用了，凭残疾证可以免费使用一年。如果没有提供残疾证照片，语音转换文字是要收费的，有点贵。有了APP后再遇到开家长会，我点开APP，老师做的报告就转换成文字显示在手机上了。虽然有些会有偏差，不过总体来看还是能大概了解内容，比以前一点都不知道好多了！

4.2 口语手译

● 无障碍环境

请扫描二维码，观看这部分的参考译文。也可提出自己的不同译法。

第九课
小学课堂——垃圾分类

本课内容提要

传译质量评价标准

什么样的翻译才是好的翻译？针对这个问题，古今中外学者都进行过非常多的探讨。中国读者最熟悉的莫过于严复先生提出的信、达、雅，信即忠实于原文要表达的内容；达指的是译文通顺，不拘泥于原文形式；而雅则是指译文选词造句得体、优雅。信达雅的标准更适用于非即时的翻译形式，尤其是文学笔译。而对于即时的翻译形式来说，国内外传译界一般认为有三个方面的评价标准：即：1）信息是否忠实；2）译入语表达是否流畅自然；3）译入语是否可理解可接受（参见Gile, 1995；林郁如等，1999）。

1）信息忠实

信息忠实指的是将源语发言表达的信息完整准确地传递出来，译员没有误解，也没有进行不必要的添加删减。传译活动，作为一种跨文化交际手段，会面临各种复杂的语境。不同的传译任务对质量要求也会有不同的侧重，比如法庭传译对信息和源语语气忠实度的要求可能比其他场合更高，因为嫌犯的支吾、犹豫、重复、口误等都能反应出和案件相关的信息，译员不应该用流畅的方式来翻译，从而漏掉重要的判案信息。而在课堂手语传译中，译员有时需要充当助教的角色，必要的时候需要进行适当的解释，或者要求教师多做解释。因为课堂的交际目的是为了让学生跟上老师的讲解。而在新闻传译的场合，译语产出必须要简短精炼才能达到和画面同步的要求。

2）表达流畅度

流畅度是翻译产出的外包装，是受众判断译员水平的最直观的依据。如果译员的表达流畅自然，没有忽快忽慢、停顿卡壳等现象，受众接收信息时会感到舒服，也容易对译员产生信任感。

3）语言可接受

和文学笔译不同，在即时传译中，发言者如果是即兴发言，难免会有很多即兴话语的特色，用词和语法不一定精确。同理，译员需要现场组织语言进行传译，追求的是能够立刻将意义传递出来，语言使用要及时、准确、清晰，让受众看懂或听明白，从而达成现场交际的目的。

这三个方面是传译质量的基本标准。在实际工作中，不同的客户也许还会提出不同的要求。传译作为一种语言服务，需要尽量满足用户的要求。

二、译前准备

2.1 主题知识准备

  本课的主题是垃圾分类。"垃圾分类就是新时尚",译员应该与时俱进,保持学习新知识的习惯。因为交流不方便,很多聋人在学习新知识的时候会遇到很多困难。以学习垃圾分类为例,这些知识对环境保护是非常重要的。聋人和听人一样,也希望为环境保护做出自己的贡献。因此,译员也应该及时学习相关知识,并做好通过翻译向聋人普及知识的准备。请主动查看网络材料、社区宣传材料等学习垃圾分类知识。

2.2 语言准备

请熟悉以下垃圾分类常用词句:

常用词语:

干垃圾

湿垃圾

废纸

玻璃

金属

包装纸

电池

及时处理

过期药品

常用句子:
- 学过垃圾分类吗?
- 垃圾分类从我做起。
- 不同颜色的垃圾桶代表什么含义?
- 有毒垃圾应该怎么处理?
- 可回收垃圾包含哪些种类?
- 哪些资源是不可再生资源?

三、对话传译

3.0 课堂对话

情景介绍:

老师在课堂上检查聋人学生对垃圾分类知识的掌握情况,请你为老师和聋人学生之间的对话做传译。

词汇与短语:

请扫描二维码,提前熟悉对话中的词和短语。

考考你   其他垃圾

思想品德课   灯泡

垃圾分类   玻璃是可回收垃圾

花枯了   有害垃圾

厨余垃圾   特殊处理

喝完奶茶

传译练习:

请扫描二维码,根据视频内容进行传译练习。也可三人一组进行角色扮演,一位同学扮演聋人学生,一位扮演教师,一位为手语译员。

📖 对话文稿

老师:你学过垃圾分类吗?

学生:学过,思想|品|课|老师|讲过。

老师:那好,那我来考考你,如果花瓶里的花干了,应该放在哪个垃圾桶呢?

学生:绿色,绿色|厨余|垃圾。

老师:非常棒!那如果你喝完奶茶,奶茶的杯子应该放在哪个垃圾桶呢?

聋生:黄色|桶|里,黄色|其他|垃圾。

老师:你说的非常对!那如果教室里的灯泡坏了,换了一个新的灯泡,那旧的灯泡应该放在哪个垃圾桶呢?

学生:应该|扔(→蓝色)|桶|里。

老师:那为什么是蓝色的垃圾桶呢?

学生:蓝色|代表|回收|可以,玻璃|回收|可以。

老师:玻璃是可以回收的,但是你一定要记住,灯泡是有害垃圾,一定要经过特殊的处理才行。

四、篇章传译

4.1 手语口译

● 垃圾有哪几种分类

情景介绍：

聋人小徐介绍垃圾的四种类型及不同垃圾如何分类处理。

词汇与短语：

请扫描二维码，提前熟悉语篇中的词和短语。

掉落的树叶	回收之后做成新的材料
吃剩的食物	电池耗尽
茶渣果皮全扔	灯管灯泡
衣服破烂	过期药品
擦鼻涕的纸等等	保护环境
塑料瓶	经过处理后变成滋养土地的肥料
金属	如果混在一起那么会浪费很多不可再生资源

传译练习：

请扫描二维码，根据视频内容进行传译练习，将手语同步译为口语。

📖 **语篇转写：**

今天|学|什么(提问表情)|垃圾|分类。第一|厨|剩|垃圾|指点(垃圾)|哪(提问表情)，树|叶|落，花|枯萎，全|扔，我们|吃|一半|扔。茶渣|果皮|全|扔(这里)。指点(这里)|箱子|颜色|什么(提问表情)。指点(这里)|是|绿色。

第二|其他|垃圾，颜色|什么(提问表情)。黄色。扔|什么|是|吸烟|烟头|垃圾|扫地|全|扔(这里)|衣服|破烂|扔(这里)|阿嚏|纸巾|全|扔(这里)。

第三|可以|回收|，颜色|什么(提问表情)，蓝色。扔|什么(提问表情)，塑料|瓶|喝完，玻璃|瓶|金属|全部|扔(这里)。用|什么|瓶子|可以|变|新。全部|指点(这里)|是|蓝色。

第四|有|毒|垃圾，颜色|红色，放|什么(提问表情)。电池|结束、灯管|扔(这里)。药|过期、化妆|物|全|扔(这里)|算|有|毒。全|扔|红色|桶。我们|为什么|要|垃圾|分类(提问表情)。保护|环境 。保护|作用|什么。绿色|垃圾|全部|压榨|变|播种|树|花|土。如果|混|一起|分类|没有，浪费|可以|造|没有。

4.2 口语手译

● 垃圾分类知识

情景介绍：

老师向学生讲解垃圾分类的知识，以及不同颜色的垃圾桶所对应的垃圾种类。

词汇与短语：

请扫描二维码，提前熟悉语篇中的词和短语。

也就是上海人说的湿垃圾

包括剩饭剩菜、骨头、菜叶

干垃圾

厕纸不是废纸

而是报纸、期刊、图书等

最后要注意

损坏的家电

及时处理

传译练习：

请扫描二维码，根据音频内容进行传译练习。或两人一组，一人发言，一人练习传译。

📖 语篇文稿：

　　同学们，今天我来给大家介绍一下垃圾分类。我相信你们在教室走廊、在你们家住的小区里都看见过四种颜色的垃圾桶。绿色代表厨余垃圾，黄色为其他垃圾，蓝色为可回收垃圾，红色则是有害垃圾。

　　厨余垃圾也就是上海人说的湿垃圾，包括剩菜剩饭、骨头、菜根菜叶、果皮等食品类废物。其他垃圾也就是上海人说的干垃圾。可回收垃圾主要包括废纸、塑料、玻璃、金属和布料五大类。注意废纸可不是厕所纸，而是报纸、期刊、图书等。最后大家应该注意有害垃圾，包括电池、灯泡、过期药品、过期化妆品、损坏的家电等。如果你发现家里有过期药品，一定要提醒家长及时处理。

3.0 课堂对话

请扫描二维码，观看这部分的参考译文。也可提出自己的不同
译法。

老师：你|垃圾|分类|学过(询问表情)？

学生：学过，思品课老师讲过。

老师：好，我|考++(→对方)，如果|花盆|花|枯萎，应该|放
(→垃圾)|桶|哪个(提问表情)？

学生：绿色，因为绿色是厨余垃坂。

老师：好+！如果|你|奶茶|喝完，杯子|应该|放(→垃圾)|桶|
哪(提问表情)？

聋生：放在黄色的桶里。黄色是其他垃圾。

老师：你|说|正确！如果|教室|里|灯泡|坏了，换|新，旧|灯
泡|应该|放(→垃圾)|桶|哪(提问表情)？

学生：应该扔在蓝色垃圾桶。

老师：蓝色|为什么(提问表情)？

学生：蓝色代表可回收。玻璃是可回收的。

老师：玻璃|瓶|回收|可以，但是|你|一定|记住，灯泡|有毒，
要|特殊|解决。

4.1 手语口译

● 垃圾有哪几种分类

请阅读这部分的参考译文，也可提出自己的不同译法。

今天学什么？学习垃圾分类。第一类是厨余垃圾。这类垃
圾有哪些？落叶、枯萎的花、吃剩下的食物都扔这里。茶渣、
果皮也扔在这里。垃圾箱是什么颜色呢？是绿色。

第二类是其他垃圾，垃圾箱是什么颜色的？黄色的。要扔
什么呢？香烟头、地上扫的垃圾、破烂衣服、擦鼻涕的纸都扔
在这里。

第三类是可回收物，垃圾箱是什么颜色的？蓝色的。这类
垃圾包括什么？喝完饮料剩下的塑料瓶、玻璃瓶、金属等全部
都是可回收的。回收后做成新的材料。这些都扔在蓝色垃圾
桶里。

第四类是有毒垃圾，垃圾箱的颜色是红色的，放什么呢？耗光的电池、灯管、灯泡都归为这类。过期药品、过期的化妆品都是有毒垃圾。这些都扔在红色垃圾桶里。

我们为什么要垃圾分类呢？为了保护环境。保护环境有什么用处？绿色垃圾桶里的垃圾经过处理后可以变成滋养土地的肥料。如果混在一起不分类，那么会浪费很多不可再生资源。

4.2 口语手译

● 垃圾分类知识

请扫描二维码，观看这部分的参考译文。也可提出自己的不同译法。

第十课
小学课堂——语文课

聋、听译员的团队合作

即时翻译，即传译是一种高强度的脑力活动。传译时至少应该有两位译员搭档，互相协助，合理分工，轮流上阵。当一位译员在翻译的时候，另一位译员并不是在休息，而是应该协助记录一些重要的或者很难记住的信息，在搭档需要的时候及时提示，在搭档要卡壳的时候及时救场。

在很多国际会议上，经常能看到聋人译员和听人译员搭档。聋人也可以成为职业译员吗？国内也许还有人存在这样的质疑。实际上，在当今的国际会议上，聋人译员扮演着非常重要的角色。按照国际会议的惯例，聋人和听人译员要组合搭档共同承担传译任务，口语发言时听人译员作为一传译员把信息内容用手语打出来，而聋人译员则站在台上，根据听人搭档所传递的信息再用更为流畅自然的手语呈现给受众。因此受众看到的是台上的聋人译员的手语。如果发言是手语，会场上经常会有好几位聋人译员同步译为其他国家的手语，而听人译员则拿着麦克直接或者和自己团队的聋人译员接力译入口语。

由于聋人译员看话能力特别强，法院和医院有时也需要雇佣聋人译员来看懂一些具有地区和个人特色的手语，然后转为更为规范的手语，让听人译员搭档看懂并译入口语。

目前，美国手语译员注册中心（RID）的译员认证分为两个类别，一个是听人译员证书，一个是聋人译员证书。加劳德特大学（Gallaudet University）等高校的手语翻译项目也招收聋人译员，让他们接受专业翻译训练，成为职业手语译员。

国内也有一些聋人（包括重听）译员，他们有的有口语能力，有的从国外留学归来，可以从事外国手语译入中国手语的传译任务，也有的聋人可以把地方手语译入中国手语。在手语翻译队伍中，聋人译员可以也应该发挥重要的作用。

二、译前准备

2.1 主题知识准备

良好的文学水平，可以打开一个人通往成功的大门。在日常生活学习中，学好书面语、汉语文学是聋人学生比较难的一关。所以经常担任课堂翻译的译员要练好扎实的语文基本功，学习相关专业术语知识，以便翻译时更好地为聋人做解释。译员可以主动查看网络材料学习聋人语文课程相关的知识，也可以前往书店阅读聋人语文课本。有条件的译员可以和聋校老师交流，甚至前往听课，更系统地理解聋人语文学习的困境。

2.2 语言准备

请熟悉以下语文课常用词句：

常用词语：

获取知识

写作文

申请书

求职信

总结报告

产品介绍

销售方案

语序不同

自如转换

主、谓、宾

定、状、补

常用句子：

- 学业和事业成功离不开书面语沟通能力。
- 通过文字和古今中外的人对话，了解他们的思想。
- 掌握书面语，在知识的海洋中畅游。
- 我们套用这个句型来造句。

3.0 语文作业辅导

情景介绍:

语文老师发现聋人学生未按时完成作业,找学生了解情况并指导如何完成作业,请你为老师和聋人学生之间的对话做传译。

词汇与短语:

请扫描二维码,提前熟悉对话中的词和短语。

作文	聊得来	能不能写出来
尽量	表姐	大胆
班上同学不愿意和我玩	聊的话题	真情实感
邻居	喜怒哀乐	修改
关系好	有意思	

传译练习:

请扫描二维码,根据视频内容进行传译练习。也可三人一组进行角色扮演,一位同学扮演聋人学生,一位扮演教师,一位为手语译员。

📖 对话文稿

老师:你这次的作业没有交,能告诉我是为什么吗?

聋生:写|不会。

老师:那如果你有什么困难,可以告诉老师,老师会尽量帮助你,好吗?这次作文写的是"我最好的朋友",你为什么没有写呢?

聋生:我|朋友|亲密|没有。班|同学|和(→我)|不愿意++。

老师:好朋友不一定是同学,还可以是家人,亲戚和邻居啊,那你身边有没有关系比较好,聊得来,你又喜欢的朋友呢?

聋生:有,我|表姐|聋人,她(→手语)|聊天|开心+。

老师:对啊,那你可以写你的表姐是你最好的朋友啊,可以写你们一起做的事,聊的话题,你们的喜怒哀乐。老师相信你一定能写得很有意思的。

聋生:我们俩|手语|聊天,写|不知道。

老师:没关系,你可以试试看。大胆地写,把你们的真情实感写出来,然后老师再来慢慢帮你修改,好不好?

聋生:谢谢|老师。我|努力。

四、篇章传译

4.1 手语口译

● 怎么写日记

情景介绍：

聋人小卢介绍日记的一般格式和主要可以写的内容。

词汇与短语：

请扫描二维码，提前熟悉语篇中的词和短语。

日记

几月几日

星期几(1)

星期几(2)

是晴天还是阴天

日记的格式要记住

流水账

幸好没迟到

正文

传译练习：

请扫描二维码，根据视频内容进行传译练习，将手语同步译为口语。

📖 语篇转写：

今天|上课|写|日记|怎么样，先|写|什么(提问表情)。先|几月几日、星期几、天气，比如|今天|12月|18日|星期三|天气|怎么样|晴|阴。记住|写|过程|复制|写|要|程序。写|一段|指点(正文)|主要|写|今天|什么|有意思|事，不要|写|今天|中午|吃饭|完|睡觉|或下课|回家|晚上|睡觉，啰嗦|流水|写|不要。比如|有意思|重点|写，有|学生|早上|跑|公交，到(→车)|喘气，到|学校|迟到|没有|幸运。指点(正文)|主要|写|有意思，这样|写|要。还有|碰|节日，比如|教师|节，你们|要|做|什么。学生|告诉(→我)|画画|绣|花|给(→老师)，老师|看|比较|有意思。还有|学生|礼物|老师|收到|会|谢谢(→学生)|学生|看(→老师)|开心。指点(正文)|主要|写。

4.2 口语手译

● 学好语文很重要

情景介绍:

老师向学生讲解学好语文对聋人来说的重要意义,以及聋人学好语文的最大困难。

词汇与短语:

请扫描二维码,提前熟悉语篇中的词和短语。

语文	总结报告
掌握书面语	产品介绍
知识的海洋畅游	销售方案
自由	学业和事业成功离不开书面语沟通能力
获取知识	语法
通过文字和古今中外的人对话	书面语
了解他们的思想	对比
提高写作能力	语序不同
写作文	熟练
申请书	自如转换
求职信	

传译练习:

请扫描二维码,根据音频内容进行传译练习。或两人一组,一人发言,一人练习传译。

📖 语篇文稿:

聋人学好语文,掌握书面语非常重要。阅读可以让聋生在知识的海洋畅游,自由地获取各类知识,扩大自己的眼界,通过文字和古今中外的人对话,了解他们的思想,他们的生活。而提高自己的写作能力可以帮助聋人准确地了解自己,提高学习和工作上的沟通能力。聋生从学校学习写日记、写作文开始,长大以后还要写申请书、求职信,工作中要写总结报告、产品介绍、销售方案等。可以说聋人学业和事业的成功都离不开良好的书面语沟通能力。但是对于聋人来说,学好语文很难,需要付出很多努力。手语的语法和汉语书面语的语法是不同的。所以需要学会对比两种语言不同的语序,熟练后可自如转换。

五、参考译文

3.0 语文作业辅导

请扫描二维码，观看这部分的参考译文。也可提出自己的不同译法。

老师：你|作业|交(→我)|没有，为什么|告诉(→我)|可以(疑问表情)？

聋生：我不会写。

老师：你|有|困难，告诉(→我)，老师|努力|帮助(→对方)，指点(作文)|作业|双引号|我|最好|朋友，你|写|没有|为什么(询问表情)？

聋生：我没有最好的朋友。班上同学都不愿意跟我玩。

老师：好|朋友|不一定|同学，家人|亲戚|邻居|都|可以，你|喜欢|聊得来|人|有(询问表情)？

聋生：有，我有个表姐，她也是聋人，她和我用手语聊天，每次都特别开心。

老师：对+，表姐|是|你|好|朋友，一起|做|事，聊|内容，喜|怒|哀|乐。老师|相信(→你)|写|可以|意思|有。

聋生：可是我们聊天都是用手语的，我不知道能不能写出来。

老师：没关系，写|试++。大胆，感情|给(→对方)|真实，老师|帮(→对方)|改|好。

聋生：谢谢老师。我努力。

4.1 手语口译

● 怎么写日记

请阅读这部分的参考译文，也可提出自己的不同译法。

　　今天上课讲的是怎样写日记。日记先写什么？写日期、星期几、天气怎么样，比如今天是12月18日，星期三。天气如何呢？是晴天还是阴天？日记的格式要记住。

　　接下来是写正文，要写今天有什么有意思的事，不要写今天中午吃完饭睡觉，或者下课放学回家，晚上睡觉。不要记流水账，要写有意思的事。有学生说早上为了赶上公交车，跑过去上车跑得气喘吁吁，幸好没迟到。是不是有意思？是啊，要写像这样的事情。

　　还有碰上节日，如教师节，你们要做什么？学生回答要画画给老师、自己做花送给老师等，比较有意思对不对？还有老师收到礼物会怎么样？是不是老师开心地收下礼物说谢谢学生？学生看到了也开心。这些事可以写进日记里。

4.2 口语手译

● 学好语文很重要

请扫描二维码，观看这部分的参考译文。也可提出自己的不同译法。

第十一课
节　日

本课内容提要

一、理论讲解
直译与意译

二、译前准备
2.1 主题知识准备

节日

2.2 语言准备

节日相关短语及句子

三、对话传译
3.0 过年

四、篇章传译
4.1 手语口译

端午习俗

4.2 口语手译

中秋月饼

五、参考译文
3.0 过年

4.1 手语口译

端午习俗

4.2 口语手译

中秋月饼

直译与意译

人类的翻译工作已有五千多年的历史。翻译方法和策略也有多种，比如有的学者提出了异化和归化的方法，但直译和意译，仍然是两种基本的翻译方法分类。

直译强调的是"形似"，是指保留源语的原汁原味，不仅保留源语的内容，还保留源语的表达形式，如比喻手法、语气，包括民族特色和地方色彩等。例如英文句子"Time is money"就可直译为"时间就是金钱"，这样既保留了源语含义，又保留了源语中比喻的修辞手法，通俗易懂，生动灵活地再现了源语内容。

"意译"强调的是"神似"，保留源语的意思，而改变源语的表达方式，使译文流畅自然地表达源语的内容和精神内涵。比如英文句子"You are casting pearls before swine."如果采用直译的方法译为"你在把珍珠扔到猪面前"，可能中国读者会有点不知所云。此时如果采用意译的方式表达其真正的含义，译为"你这是在对牛弹琴"，受众就恍然大悟了。

手语中也同样存在这样需要直译或者意译的案例。比如成语"接踵摩肩"就可以直译，形象表达；而同样意思的"人山人海"，如果直接表达为"人像山、海一样"，聋人一下子不一定能理解，可以意译为"人|很多"。

但是需要强调的是，直译并不是指按照汉语语序一个字一个字对着打手语，比如打"你|家|几|口|人"。这种按照汉语语序打出的手语是手势汉语，是用手势的方式表现汉语，通常并不能准确传达汉语表达的意义和信息。

直译和意译各有所长。直译能忠实保持源语的味道和风格，但可能导致译文生涩难懂、冗长啰嗦。意译因为提取了源语表达的内涵，并用译入语受众容易接受和理解的方式表达出来，语言会更自然，也更容易被受众理解和接受。但是源语语言和文化中的一些特色可能就失去了。

直译和意译并不是非此即彼的关系。每个译者在同一个语篇的翻译过程中可能都会运用到直译和意译两种方法，甚至在译同一句话时灵活地兼用直译和意译两种翻译方法，以便能完整、准确而传神地再现源语的内涵和风格。

二、译前准备

2.1 主题知识准备

我国幅员辽阔，历史悠久，在漫长的发展过程中诞生了很多带有传统特色的节日。请收集并了解我国特色节日（如春节、元宵节、清明节、端午节、中秋节、重阳节、国庆节等）、国外重要节日（如圣诞节、感恩节、复活节、万圣节等）以及国际重大节日（元旦、三八国际妇女节、五一国际劳动节、六一国际儿童节等）的起源及传统风俗，掌握相关文化内涵。

聋人和听人一样，也会在重要节日参与各类庆祝活动。译员提前通过网络搜索、阅读相关文献书籍、向老一辈咨询等方式了解这些背景知识，可以在为参加庆祝活动的聋人翻译时更加游刃有余。

2.2 语言准备

请熟悉以下节日常用词句：

常用词语：

春节	万圣节	黄鳝
过年	元旦	黄瓜
元宵节	妇女节	咸蛋黄
清明节	劳动节	黄酒
端午节	儿童节	月饼
中秋节	汤圆	重阳糕
重阳节	年糕	腊八粥
国庆节	清明团子	饺子
圣诞节	粽子	八宝饭
感恩节	五黄	姜饼
复活节	黄鱼	火鸡

常用句子：

- 你们怎么庆祝春节？有什么活动？
- 这个节日是怎么来的？有什么故事（传说）吗？
- 清明节是中国传统的节日，人们通过扫墓、烧纸钱等方式纪念已逝的亲人。
- 圆圆的月饼象征着团圆。

三、对话传译

3.0 过年

情景介绍：

聋人同事和听人同事谈论各自家乡过年的风俗习惯，请你为他们的对话做传译。

词汇与短语：

请扫描二维码，提前熟悉对话中的词和短语。

过年	包红包
老家	年三十
长春	放假15天
滑雪	飞行5小时
年夜饭	等第二天再看有字幕的重播
春晚	希望今年春晚听人聋人能一起看

传译练习：

请扫描二维码，根据视频内容进行传译练习。也可三人一组进行角色扮演，一位同学扮演听人，一位扮演聋人，一位为手语译员。

📖 对话文稿

听人：还有半个月就要过年了，你准备怎么过节？

聋人：公司|放假|15天，我|准备|回(→老家)|拜++。

听人：你老家在哪？

聋人：长春。飞机|5小时。

听人：好远啊。不过长春下雪应该很有意思。可以去滑雪。

聋人：对，我们|农村|人|多+|滑雪|会，小孩|会。

听人：你老家过年有什么习俗吗？

聋人：我们|贴|春联，年夜|吃饭、钱|塞包、打麻将。

听人：我家也一样。不过你们不看春晚吗？我们都是一边看春晚，一边打麻将。

聋人：年|三十|春晚|聋人|看|不行，字幕|没有。等|第二天|加|字幕|有|再|看。

听人：哦，是吗？年三十没有字幕？我都没有注意哎。看来加字幕还是很重要啊。

聋人：是，聋人|期待|时间|久，希望|今年|春晚|听人|聋人|一起|看|可以。

四、篇章传译

4.1 手语口译

● 端午习俗

情景介绍：

聋人大熊介绍端午节的习俗，特别是"五黄"的来历和寓意。

词汇与短语：

请扫描二维码，提前熟悉语篇中的词和短语。

端午节	去火
农历	排毒
提高免疫力	腌制
黄鱼	蜈蚣
黄鳝	驱邪防身
黄瓜	五月初五是一年中光照最强的时段
咸蛋黄	补充身体能量
黄酒	功能媲美人参
风湿痛	

传译练习：

请扫描二维码，根据视频内容进行传译练习，将手语同步译为口语。

📖 语篇转写：

今天|是|端午|节，有|朋友|发(信)(→我)|问(→我)|菜场|里|卖|5黄|是|什么，我|介绍|给(→)大家，中医|觉得|农历|五月|初五|是|一年|光照|最强|指点(→时间)，建议|大家|补充|身体|力量，提高|身体|防御|力。南方|习俗|叫|五|黄|月，要|吃|指点(指头)|黄鱼|黄鳝|黄瓜|咸蛋黄|黄酒|5。黄鱼|冷|时间|躲(→水下)，等|到|热|游(→水面)|捕获，鱼|大|肉|粗|味道|好，吃|黄鱼|养|身体|补|好；黄鳝|指点(五月|初五)|正好|抓(黄鳝)|粗，指点(黄鳝)|对|风|湿|病|指点(腰腿)|酸|痛|有|补|好，功能|相等|人参；黄瓜|放出|早，味道|好|毒|火|去除++；咸蛋|藏|放|拿出|蛋黄|流|油|多|味道|好，吃|咸蛋黄|可以|平安|健康|里|意思|是；指点(五月|初五)|蛇|蜈蚣|多++，黄酒|喝|鬼|虫|赶|保护|有|用。现在|大家|知道|什么|是|5黄，指点(指头)|黄鱼|黄鳝|黄瓜|咸蛋黄|黄酒。

4.2 口语手译

● 中秋月饼

情景介绍：

传统文化研讨会上代表介绍中秋节的习俗，以及现代人过节吃月饼和以往的变化。

词汇与短语：

请扫描二维码，提前熟悉文章中的词和短语。

我国传统节日

围坐在院子里赏月

中秋节

月饼

月饼象征团圆

中秋月饼香又甜

但愿人长久，千里共婵娟

月饼热量非常高

健康观念深入人心

种类很多

注意健康饮食

传译练习：

请扫描二维码，根据音频内容进行传译练习。或两人一组，一人发言，一人练习传译。

📖 **语篇文稿：**

农历八月十五是我国的传统节日——中秋节，那天人们会吃月饼、赏月。

晚饭后，一家人围坐在院子里赏月，摆上一盘月饼，然后一起聊天赏月。因为一年中这一天月亮是最圆最亮的。"八月十五月儿圆，中秋月饼香又甜。"中国古代文人也写了很多关于月亮的著名诗句，比如"举头望明月，低头思故乡""但愿人长久，千里共婵娟"等。

月饼成了中秋节的习俗。它不仅是一种食物，也是一种文化，圆圆的月饼象征着团团圆圆。亲朋好友互送月饼，单位也发月饼。月饼种类很多，有甜的也有咸的。

不过月饼的热量非常高，有的月饼一块就有1千卡热量。随着健康观念不断深入人心，大家开始注意健康饮食。

3.0 过年

请扫描二维码，观看这部分的参考译文。也可提出自己的不同译法。

听人：还有|半个月|拜++，你|准备|过日子|什么(疑问表情)？

聋人：公司放15天假，我打算回老家过年。

听人：你|老家|源自|哪(疑问表情)？

聋人：长春。坐飞机得5个小时。

听人：远++。但是|长春|下雪|有|意思。滑雪|可以。

聋人：对，我们村很多人都会滑雪，小孩子从小就会。

听人：你|老家|拜++|习惯|什么(疑问表情)？

聋人：我们会贴春联年画，吃年夜饭、包红包、打麻将。

听人：我|家|差不多。但是|春晚|你们|看|没有(疑问表情)？我们|看|电视|打麻将。

聋人：年三十聋人看不了春晚，因为没有字幕。我们都是大年初一看重播。

听人：是++(疑问表情)|年|三十|电视|字幕|没有(疑问表情)？我|注意|没有。电视|加|字幕|重要++。

聋人：是啊，聋人呼吁了很久，希望今年春节能和听人同步看上春晚。

4.1 手语口译

● 端午习俗

请阅读这部分的参考译文，也可提出自己的不同译法。

今天是端午节，有朋友发信息问菜场里卖的五黄是什么，我来给大家介绍介绍。中医认为农历五月初五是一年中光照最强的时候，这时建议大家补充身体能量，提高身体免疫力。南方习俗叫五黄月，要吃黄鱼、黄鳝、黄瓜、咸蛋黄和黄酒这五种食品。黄鱼冷的时候躲在深海里，这一天才回游到浅水域，这些鱼硕大且肉质肥美，吃了可以养身补体；黄鳝也是养到这个季节才肥壮好吃，对风湿痛、腰腿痛都有好处，功能可与人参媲美；黄瓜上市早，味道好又有去火排毒的功效；咸蛋在腌制后蛋黄多油美味，吃咸蛋黄有平安康健的寓意；这个季节蜈蚣、毒蛇出动，黄酒有驱邪防身的作用。现在大家知道什么是五黄了，黄鱼、黄鳝、黄瓜、咸蛋黄和黄酒。

4.2 口语手译

● **中秋月饼**

请扫描二维码，观看这部分的参考译文。也可提出自己的不同译法。

第十二课
旅　游

本课内容提要

理解中的应对策略

由于传译即时性的特点，现场传译的工作常伴随巨大的压力。即使是语言和翻译能力很强、准备工作做得非常充分的译员，传译中仍可能由于发言人的语速太快、口音太重、信息太密集或者由于现场环境和译员自身状态等原因而出现困难，影响翻译的质量。作为一名合格的译员，需要尽量不动声色地应对这些临时出现的困难，尽最大可能完成传译的任务。因此有人将传译过程比作是一个不断进行危机处理的过程。

我们从理解和表达两大方面介绍遇到危机时现场可采取什么样的应对策略。本课关注的是理解中的应对。

传译理解中最常见的困难是没听清或没看懂一个词（手势）、一句话甚至是一整段话。在口译手的情况下，听人译员如果遇到发言人的地方口音较重时，可能会有部分信息听不懂。在手译口的情况下，听人译员普遍觉得看懂不熟悉的聋人的手语较为困难。

要避免理解出现问题，最好的办法还是通过译前准备，尽量和发言人接触，预防这种情况发生。在现场如果还是出现了理解问题，为了整体翻译效果，个别未听懂或者没看懂的地方，可以采用省略或者采取模糊处理的方法，比如说一些与上下文并不矛盾但并没有什么实质性内容的话来过渡，争取时间，而不是卡壳或者停顿。但如果遇到关键的信息没有听懂或者看懂、翻译工作无法继续的时候，则需要寻找机会请发言人解释或者确认一下自己的理解无误后，再继续进行翻译。

但这种打断发言人的方法不宜使用过于频繁，以免造成听众对译员的不信任。在条件不允许的情况下，只能根据自己对传译任务的事先准备，以及对讲话人背景的了解，充分结合上下文，进行合理的猜测；或者先省略信息，等待合适的时机再把信息补回来。

二、译前准备

2.1 主题知识准备

　　很多聋人都非常喜欢旅游，然而聋人在旅游过程中也会遇到很多的问题，首当其冲的就是在预订旅游产品时的困难。虽然现在有很多旅游网站，只需要通过简单的鼠标点击，输入相关信息就可以完成预订。但是由于不熟悉网站操作、同类型产品区别度不明显等原因，聋人在预订过程中还是需要咨询客服了解情况，也由此需要手语译员的协助。

　　手语译员应该提前查询相关旅游服务商官方网站或APP，熟悉其操作流程，可以自行尝试预订，也可以通过阅读"常见问题"、向客服咨询等方式清楚了解网站或APP的使用方法，做好帮助聋人的准备。

2.2 语言准备

请熟悉以下旅游预订常用词句：

常用词语：

周边游	签证费	护照
国内游	景区大门票	存款证明
出境游	电瓶车	在读证明
行程单	缆车	在职证明
纯玩团	索道	银行流水
单人房差	自费项目	公证
燃油附加费	签证	免冠二寸照

　　常用句子：
- A线路和B线路有什么区别？
- 凭残疾证有优惠吗？
- 孩子占座多少钱？不占座多少钱？
- 自由行和跟团游的优缺点各是什么？

三、对话传译

3.0 旅游咨询

情景介绍：

聋人小李去旅行社咨询，想为一家三口预订短期的周边游，请你为旅行社客服和聋人小李之间的对话做传译。

词汇与短语：

请扫描二维码，提前熟悉对话中的词和短语。

乌镇	行程安排紧张	导游讲解
门票全免	半自由行	太赶，小孩跟不上
有优惠吗	大巴	

传译练习：

请扫描二维码，根据视频内容进行传译练习。也可三人一组进行角色扮演，一位同学扮演聋人小李，一位扮演旅行社客服，一位为手语译员。

📖 对话文稿

聋人： 招手|乌镇|我们|想|去|玩。便宜|有(询问表情)？

客服： 诶，等等，我们这儿正好有个促销活动，我给您找一下哦。诶，这个这个，是三天两晚，只要950，看一下。

聋人： 我们|残疾人，钱|减|可以(询问表情)？

客服： 哦，有证是吧？你们哪一位啊？

聋人： 有，聋人|大人|2。

客服： 行，那这样的话呢，你们门票就全免了。诶，那你们小孩多大了？然后身高是多少？

聋人： 年龄|5，身高|110。

客服： 那这样的话，如果他不占座呢，就可以免票。你们大人呢是一人950，凭这个证呢可以减掉200，那你们呢就是一人750，就总共是1500，可以吧？

聋人： 好，游玩|时间|紧(疑问表情)我们|小孩|急|跟着|不(询问表情)？

客服： 哎呦，不会不会，你们呢……我们这个是半自由行，大巴呢到了之后会先由导游讲解，讲解完之后呢你们就是自由活动，不会赶的。

聋人： 安排|好++，现在|订。

客服： 行，那我跟他们讲一下，找一个会手语的导游啊。

聋人： 好++，谢谢++。

客服： 没事没事，玩得开心！

四、篇章传译

4.1 手语口译

● 接待亲戚游杭州

情景介绍：

聋人小卢介绍自己接待北京亲戚来杭州旅游，赏美景，吃美食的故事，亲戚还邀请他去北京参观。

词汇与短语：

请扫描二维码，提前熟悉语篇中的词和短语。

著名的三潭印月	故宫
断桥	颐和园
挤得水泄不通	长城
亲戚们看得津津有味	期待国庆去北京旅游
糖醋做成的汁水浇上去	外国游客络绎不绝
大阅兵	不是专门放油里煎
壮观	杭州不只风景优美，又是美食天堂

传译练习：

请扫描二维码，根据视频内容进行传译练习，将手语同步译为口语。

📖 **语篇转写：**

五月份，我|北京|亲戚|人|8|聚(→来)|杭州|住|7天，我|带(→他们)|到处|玩，我|带(→他们)|到|西湖，看(→三潭印月)|著名，看(→断桥)，我|给(→他们)|手语|介绍，亲戚|看(→手语)|津津有味，开心++。西湖|指点(湖边)|人|多，挤|排队，世界|外国|人(→来++)，亲戚|看(→西湖)。|风景|振奋|好！

吃饭|晚上|吃|什么。我|带(→他们)|到处|吃|出名|店|到++|全|吃过。亲戚|印象|深|菜|西湖|醋鱼，油|煎|专门|放|不是，水|烧|鱼|放|烧|熟|捞出来，糖|醋|浇|汁，吃|味道|好+，还有|臭+豆腐|油|炸，闻|臭，但是|吃|味道|好+。杭州|美|风景|还有|吃|大口|天堂，亲戚|全|吃++|爽！最后|回|北京，身体|胖|重|三斤。亲戚|邀请(→我)|去|北京|看(→大阅兵)，壮观。还有|故宫|颐和园|长城|我|去|没有。北京|烤鸭|出名，期待|国庆|我|去|北京|旅游。

4.2 口语手译

● 聋人的旅游方式

情景介绍：

一位导游介绍老一代聋人和新一代聋人各自喜欢的旅游方式及其优缺点。

词汇与短语：

请扫描二维码，提前熟悉语篇中的词和短语。

年龄的差异	社会经验丰富
接受教育程度	精力
网络使用程度	受到限制很多
喜欢组团跟团游	固定行程
符合聋人喜欢摄影喜爱美食的特点	出国游最大的障碍是语言
查询旅游点的信息	专业讲解
自由行也有缺点	被迫购物

传译练习：

请扫描二维码，根据音频内容进行传译练习。或两人一组，一人发言，一人练习传译。

📖 语篇文稿：

　　由于年龄的差别，聋人群体接受教育程度、互联网使用程度也各不相同，这就导致了聋人旅游方式的差别。一般来说，40岁以上的聋人更喜欢组团跟团游，一般由一位听力好、社会经验丰富的聋人领队。虽然在金钱和精力上节省了不少，但受到的限制也很多，除了行程固定不自由外，得不到专业讲解、被迫购物现象时有发生。

　　40岁以下的聋人喜欢选择自由行，一切都自己在网上搞定，订票订酒店安排行程。自由行相对来说时间自由、行程也自由。喜欢的景点多逗留，品品美食拍拍照，这非常符合聋人喜欢摄影喜爱美食的特点。不过自由行也有缺点，在国内还好，如果出国游，最大的障碍是语言。虽然可以自己查旅游点的信息，但是也看不懂外语介绍。不过现在有的国外网站也有国际手语的解说窗口。

五、参考译文

3.0 旅游咨询

请扫描二维码，观看这部分的参考译文。也可提出自己的不同译法。

聋人：你好，我们想去乌镇玩。你们有什么优惠吗？

客服：等等，我们|指点(这里)|有|促销|活动，给(→对方)|找，指点(这里)|三天|两晚，人|1|950，看++。

聋人：我们是残疾人，有优惠吗？

客服：残疾证|有|哪(询问表情)？

聋人：有，我们两个大人都是聋人。

客服：门票|全|免费。你们|小孩|年龄|多少|身高|多少(询问表情)？

聋人：5岁，110cm。

客服：如果|小孩|坐|没有，免费。你们|大人|人|1|950，残疾证|减|200，人|1|750，总|1500，可以(询问表情)？

聋人：好的，行程安排会不会很紧张？我们有小孩，不希望太赶。

客服：摇手|半|自由|游玩，坐|大巴|到|景区|导游|给(→对方)|讲解，结束|剩下|时间|自由，时间|急|不。

聋人：这样安排还不错，那我们订了。

客服：好，我|给(→对方)|安排|导游|手语|会。

聋人：那太好了，谢谢！

客服：没事，玩|开心。

4.1 手语口译

● 接待亲戚游杭州

请阅读这部分的参考译文，也可提出自己的不同译法。

　　五月份，我北京亲戚一行八人到杭州住了七天，我带他们到处玩。我带他们去游西湖，去看三潭印月，看断桥，我给他们手语讲解，亲戚们看得津津有味，很开心。西湖边人真是多，挤得水泄不通，世界各地的人都来了，亲戚看了都说杭州风景真美！

　　午饭和晚饭都吃啥？我带他们吃遍各家著名饭店。亲戚们印象最深刻的菜有西湖醋鱼，不是直接油煎，而是鱼用水烧熟捞出来，糖醋做好汁浇上去，吃起来味道很好。还有炸臭豆腐，闻着臭，但吃起来香。杭州不仅有美景还是美食天堂，亲戚们都吃得很快活！最后回北京，都胖了三斤呢。亲戚们邀请我去北京看大阅兵，说非常壮观。还有故宫、颐和园和长城，我都没去过。北京烤鸭很出名，期待国庆去北京旅游。

4.2 口语手译

● 聋人的旅游方式

请扫描二维码，观看这部分的参考译文。也可提出自己的不同译法。

第十三课
求　职

本课内容提要

一、理论讲解
    表达中的应对策略

二、译前准备
    2.1 主题知识准备
        聋人求职
    2.2 语言准备
        聋人求职相关短语及句子

三、对话传译
    3.0 聋人求职

四、篇章传译
    4.1 手语口译
        聋人求职难
    4.2 口语手译
        促进聋人就业

五、参考译文
    3.0 聋人求职
    4.1 手语口译
        聋人求职难
    4.2 口语手译
        促进聋人就业

表达中的应对策略

译员的困难不仅来自于理解，即使完全理解了源语信息，也可能因为没有记住或者因为一时无法找到合适的译语表达方式，而出现表达困难。

译员可采取几种现场策略来应对。

1）笼统表达。当译员无法准确、完整译出某个表达或发言人所列举的一连串名词时，可通过使用上义词或较模糊的表达来概述。如发言人列举"科特迪瓦、索马里、加蓬、博茨瓦纳等国家"时，国家名一时想不出来可以笼统表达为"几个非洲国家"。

2）解释。当源语中一个概念或词义译员一时想不到明确的对应表达，可以通过解释的办法将讲话人要表达的意思传达给受众。

3）信息省略。这其实是一种不得已的应对方法。当译员确定将接收到的信息全盘机械地翻译过去无法达到交际目的时，可以采用省略的策略，有意识地省去部分信息，比如在讲话人太啰嗦，不断重复自己的情况下可简洁处理。信息省略并不等同于信息丢失。

4）借助情境信息。译员还可借助情境中的视觉信息来帮助自己表达，比如一次国际会议上，印度聋人介绍自己家乡时用手语打了家乡的手势。国际手语译员不知道这个手语名词代表哪个地名，但是他灵机一动，指着ppt上的地图标记的地方说："我来自这个地方。"

5）用字字对译或者书空的方法应对难词。有时候遇到汉语的很多专业词汇译员不知道手语如何表达，经常会采用字字对译或者书空的办法把专业词汇介绍给聋人，有的聋人也许知道这个汉语表达，能接收到信息。但是需要强调的是这种方法不能多用，翻译的本质是传递发言者想要传递的信息，而不是纠结于源语用的字词。

应对策略是不得已的方法，译员不能过分依赖，而是应该提前预防问题出现。每次翻译任务结束后，一定要反思和总结遇到的问题，思考下次更好的应对策略，不断努力提升自己的翻译水平。

二、译前准备

2.1 主题知识准备

　　现在很多年轻人都面临着就业的难题，聋人就业就更为困难了。为了帮助聋人就业，相关职能部门也提出了很多就业鼓励措施。而译员的协助可以帮助聋人顺利走过从简历制作到面试、签合约等求职过程。考虑到这一点，译员可以主动学习劳动保障法，关注国内招聘残疾人的企业和单位等，也应该提前对需要翻译的聋人所学专业或所应聘工作进行了解，以便在翻译时能够熟练运用相关专业术语，完成翻译任务。

2.2 语言准备

请熟悉以下聋人求职常用短语：

引起多个部门重视

开辟就业渠道

提升就业层次

行业技能的高端培训

自主创业

具备创业条件

几个部门联合举办

职业技能大赛

欣赏自强不息的精神

激励企业

广告设计

残联举办

就业招聘会

工作岗位和专业无关

单位远包吃住

职业资格证书

签订劳动合同流程

待遇要求

职业长期规划

就业指导

三、对话传译

3.0 聋人求职

情景介绍：

聋人小李去一家公司应聘，几经协商终于获得了试用的机会，请你为公司工作人员和聋人小李之间的对话做传译。

词汇与短语：

请扫描二维码，提前熟悉对话中的词和短语。

不好意思	工作间在一楼	熟悉环境(2)
每间办公室	入口	清洁、洗碗等工作我都能做
试用三天	熟悉环境(1)	如果试用通过，多久可以转正

传译练习：

请扫描二维码，根据视频内容进行传译练习。也可三人一组进行角色扮演，一位同学扮演聋人小李，一位扮演公司工作人员，一位为手语译员。

📖 对话文稿

聋　　人：你|好，指点(这里)|招|聋人|工作|可以(询问表情)？

工作人员：不好意思，我们不招。因为聋人听不到，我们没有办法沟通，我们的工作又是需要和客户交流的，所以我们不招聋人。

聋　　人：清洁|洗碗|工作|我|可以，和|听人|交流|不需要。

工作人员：那你请稍等一下，我去询问一下领导。看一下能不能通融一下。

聋　　人：好，谢谢。

（稍后……）

工作人员：我们领导说了，你可以先试用三天。你主要负责我们所有办公室和厕所的清洁工作。

聋　　人：好。如果|临时|工作|成功，转正|时间|长|多少(询问表情)？

工作人员：一个月。

聋　　人：转正|工资|多少(询问表情)？

工作人员：转正后呢，每个月2500块。

聋　　人：好，我|什么时候|可以|上班(询问表情)？

工作人员：你明天就可以来工作了。你的工作间在一楼。里面有工具。

聋　　人：好，我|看++(→周围)。

工作人员：嗯，好的。

四、篇章传译

4.1 手语口译

● 聋人求职难

情景介绍：

聋人小周介绍了自己参加学校组织的就业招聘会，发现聋人在求职中仍然遇到了很多困难。

词汇与短语：

请扫描二维码，提前熟悉语篇中的词和短语。

广告设计

就业招聘会

不包吃住

社会上有句说法："毕业即失业"

就业指导

学习压力不大，生活还算无忧无虑

工作岗位和我的专业不对口

对签订劳动合同、工资待遇要求、职业长期规划等各种问题都不清楚

我们聋人找工作更难

传译练习：

请扫描二维码，根据视频内容进行传译练习，将手语同步译为口语。

📖 语篇转写：

我|聋人，现在|读书|大三，学|设计|广告。读书|时，学校|家里|照顾(→我)|好，学习|压力|没有，生活|忧虑|没有。临近|七月，我|马上|毕业|工作。家里|担心|我|找|工作|困难|障碍|怎么办。前些天|残联|办|大学生|就业|招聘|会|我|去。我|看(→周围)|指点(工作|岗位)|我|专业|对接|没有，如果|有|关系，单位|远，吃|住|包|拒绝(→我)，工资|低，如果|工资|高|一点点，要求|指点(指头)|多，职业|资格证|指点(各种)|我(失望表情)。我|听|说|听人|大学|毕业|找|工作|困难。社会|说|毕业|是|失业。我们|聋人|找|工作|吹+。现在|对|劳动|合同|签订|过程、工作|待遇|要求、职业|长期|规划|指点(各种)|摇头(体态)|不懂。我|爸妈|聋人，给(→我)|指导|不会，我|找|学校|老师|问++，希望|可以|参加|多+|就业|指导|培训。

4.2 口语手译

● 促进聋人就业

情景介绍：

残联工作人员介绍促进聋人就业的一些方法措施，希望能够帮助更多聋人。

词汇与短语：

请扫描二维码，提前熟悉语篇中的词和短语。

引起多个部门重视　　　　　至少一次

开辟就业渠道　　　　　　　几个部门联合举办

提升就业层次　　　　　　　职业技能大赛

根据聋人需求　　　　　　　欣赏自强不息的精神

行业技能的高端培训　　　　认识到残疾人的能力

自主创业　　　　　　　　　通过电视和媒体进行广泛宣传

提出申请　　　　　　　　　激励更多企业招聘残疾人

具备创业条件

传译练习：

请扫描二维码，根据音频内容进行传译练习。或两人一组，一人发言，一人练习传译。

📖 语篇文稿：

现在不少聋人大学生毕业就失业，聋人就业难的问题也引起了越来越多部门的重视。近年来我们非常注重残疾人职业技能培训工作，和市残联一起组织多家企业举办大学生就业招聘会，希望能给聋人毕业生开辟更多就业渠道，也希望能提升他们的就业层次。对于想换工作的聋人，也可以提出申请，我们会根据聋人需求，举办一些行业技能的高端培训。有些聋人想自主创业，对于具备一定创业条件或已创业的聋人，我们会为他们提供至少一次创业培训，希望能对他们创业有帮助。

此外，今年我们还和几个部门联合举办了残疾人职业技能大赛，通过电视和媒体进行广泛宣传，我们的目的是让社会上更多人认识到残疾人的能力，欣赏残疾人自强不息的精神，希望能激励更多企业招聘残疾人。

3.0 聋人求职

请扫描二维码，观看这部分的参考译文。也可提出自己的不同译法。

聋　　人：您好，您这里招聋人员工吗？

工作人员：不好意思，我们|招|不。聋人|听不到，沟通|不能，我们|工作|需要|和|客户|交流，聋人|招|不。

聋　　人：我可以做清洁工或者洗碗工，这些工作不需要经常和人沟通。

工作人员：等|一点点，我|询问|领导。试|看++。

聋　　人：好的，谢谢。

（稍后……）

工作人员：领导|说，给(→对方)|试++|三天。你|负责|公司|办公室|厕所|每间|打扫++。

聋　　人：好的。那请问如果试用通过后，多长时间可以转正呢？

工作人员：一个月。

聋　　人：转正每个月的工资是多少呢？

工作人员：转正|以后|每月|工资|发|2500。

聋　　人：好的，那我什么时候可以来上班呢？

工作人员：明天|来|工作。你|工作|房|一楼。工具|有。

聋　　人：好的，那我先去看看，熟悉一下环境。

工作人员：好。

4.1 手语口译

● 聋人求职难

请阅读这部分的参考译文，也可提出自己的不同译法。

　　我是一名聋人，现在上大三，学广告设计。读书时，学校家里对我们都很照顾，学习压力不大，生活还算无忧无虑。临近七月，我马上就要毕业。家里人担心我找工作会遇到障碍。前些天我去了残联举办的大学生就业招聘会。我发现，要么工作岗位和我的专业没有一点关系，要么有一点相关的，单位却都远，又不包吃住，工资低。个别稍微好一点的工作，要求都很高，要有职业资格证书什么的。我又听说听人大学毕业生找工作也很困难。社会上有句话叫：毕业即失业。我们聋人呢，更难哎。我目前对签订劳动合同流程、工作待遇要求、职业长期规划等各种问题都不是很清楚。我爸妈也是聋人，不能给我很多指导。我找学校老师咨询，也很希望能参加更多的就业指导培训。

4.2 口语手译

● 促进聋人就业

请扫描二维码，观看这部分的参考译文。也可提出自己的不同译法。

第十四课
法庭传译

译员的自我提高——语言强化

既然合格的译员标配是语言、知识和翻译转换能力这三大块，译员可以通过对这三个方面进行长期的自我训练来不断提升自己的整体翻译能力。下面介绍几种传译员常用的训练方法：

1）手语看话练习

很多译员通过记忆手语词汇来提高自己的手语水平。但是仅有词汇量还是远远不够的，语言能力包括语言理解和产出能力。而手语理解（即手语看话）能力薄弱是目前多数手语译员面临的共同困境。对于很多听人译员来说，熟悉的聋人打手语可能容易看懂，但是不熟悉的或者外地聋人的手语往往看起来非常吃力。因此，译员平时要特别注意提高手语看话能力，可以通过聋人公众号或者网络上的视频资源，选择适合自己当前水平的手语视频，反复练习看懂，不懂的地方多请教当地聋人朋友。

2）概述和复述练习

概述和复述练习是语言理解和表达训练中非常重要的方法。概述是将听到或者看到的材料的主要内容和观点总结表达出来，复述则要求更完整的把听到或者看到的内容表达出来，表达时可使用自己的语言来组织。

练习时可多使用手语视频，看懂后，再用手语将主要内容或全部信息点总结出来。表达时一定要完整流畅，可以自己录像，然后自我评价；也可以找同伴一起练习，相互评价。

译员也不能忽视汉语口语的表达。练习时尽量不使用文字稿，而使用口语的视频或者音频，同样用口语将主要信息点或者全部内容流畅地表达出来。表达时可以录音，然后回听，评价自己的声音产出有哪些可改进的地方。

2.1 主题知识准备

聋人参与到法院案件审理的情况有两种，起诉或被起诉。由于无法和法官直接交流，聋人常常无法说清楚自己的诉求，无法理解法官、律师表达的意思，更难为自己辩护。手语译员应该主动学习基础法律术语，更好地服务聋人。

请提前了解法庭诉讼流程及需要的基本材料，树立良好的法制观念。译员可以在当地法院的官方网站上找到一般诉讼的流程指南，也可以搜索各地庭审直播网，直观地看到庭审全过程。时间允许的情况下，请选择不同类型的案件观看庭审记录，并熟悉庭审流程及法庭用语。

2.2 语言准备

请熟悉以下法院诉讼常用词句：

常用词语：

起诉	当事人	原告
上诉	诉讼代理人	被告
申诉	审判员	书记员
答辩	开庭	休庭

常用句子：

- 请双方律师陈述观点。
- 肃静！现在宣布法庭纪律。
- 传唤xxx出庭作证。
- 全体起立，请审判员入庭就座。
- 依照法律规定，现在核对当事人、委托代理人的身份。

三、对话传译

3.0 公安问讯

情景介绍：

聋人小王在派出所接受警察问讯，请你为警察和聋人小王之间的
对话做传译。

词汇与短语：

请扫描二维码，提前熟悉对话中的词和短语。

根据法律法规	转悠	后果
2018年11月26日晚上	目击者辨认	证明
你同意吗	如实说	笔录
凌晨两点钟	我喝(酒)多了，睡到天亮	睡得死
案发地	认错了人	

传译练习：

请扫描二维码，根据视频内容进行传译练习。也可三人一组进行角
色扮演，一位同学扮演聋人小王，一位扮演警察，一位为手语译员。

📖 对话文稿

警　　察：因为你是聋人，根据法律法规为你请来手语翻译，
　　　　　你同意吗？

审讯对象：可以|我|知道。

警　　察：2018年11月26日晚上，你在哪里？

审讯对象：我|在|朋友|家|吃饭。

警　　察：凌晨两点钟，你在哪里？

审讯对象：我|喝(酒)|多了，呼噜++|天亮。

警　　察：案发地离你朋友家很近，你有没有去案发地？

审讯对象：没有++，我|喝(酒)|多了，呼噜++|死。

警　　察：根据目击者辨认照片，他们说你那会儿在那里转悠。

审讯对象：看|误会，指点(那里)|不是++|我|不是。

警　　察：你要如实说。

审讯对象：我|说|真实，我|真的|喝(酒)|多了，呼噜++|天亮|第
　　　　　二天|中午，回家，我|朋友，我|妈妈|证明|可以。

警　　察：我们会对你说的情况进行核实，如果你说谎，你知
　　　　　道后果。

审讯对象：我|说|每句|真实|我|保证。

警　　察：你看一下笔录，没有问题请你签字。

四、篇章传译

4.1 手语口译

● 法庭聋人译员的告诫

情景介绍：

聋人小周是一名法庭译员，根据自身经历，他向广大聋人朋友们提出了告诫。

词汇与短语：

请扫描二维码，提前熟悉语篇中的词和短语。

严谨	找不到工作也不要去偷
核对	不要被利益蒙蔽双眼
告诫	有问题找警察
不要对工作挑三拣四	不要轻易转账
传销理财	警惕
虚假信息	复述
如果聋人嫌疑人是个文盲	监督
工作再不好，不要违法乱纪	

传译练习：

请扫描二维码，根据视频内容进行传译练习，将手语同步译为口语。

📖 **语篇转写：**

我|聋人，手语|翻译|是，工作|什么。我|听人|陪(→去)|公安局|帮助(→警察)|问|手语|翻译，工作|态度|严谨。如果|指点(→聋人)(嫌疑人)|看|不能|平掌(→颠倒)|怎么办，指点(→警察)|说|告诉(→听人同事)|手语|告诉(→我)，我|手语|自然|告诉(→他)(嫌疑人)，聋人|看(→我)|懂。工作|规定|手语|翻译|准确，我们|对照|互相|监视。工作|结束，我们|复述，讨论|学习，为|以后|工作|好。

我|工作|碰++|聋人|束手|多++，他们|做|好|不好|不知道|坐牢++。我|告诫|大家|做|不好|丢弃|不要。工作|找不到|偷|不要。自己|努力|提高。工作|好|不好|挑选|不好|扔弃|不要。钱|少|没关系|先|做++，经验|积累。钱|赚|好|上当|不要，传销|宣传|骗(→自己)|弹大拇指(→好)|相信|不要，转账|轻易|不要。障碍|问|警察，警惕。

4.2 口语手译

● 聋人译员的作用

情景介绍：

公检法系统中常常会出现聋人译员的身影，一位公安系统的工作人员介绍了聋人译员工作的内容和意义。

词汇与短语：

请扫描二维码，提前熟悉语篇中的词和短语。

公检法系统

公安问讯

优秀的聋人

看手语能力强

文盲

把嫌疑人的手语转译为更规范的手语

证人

律师

聋人译员和听人搭档

协助法庭与证人、嫌疑人之间的沟通

传译练习：

请扫描二维码，根据音频内容进行传译练习。或两人一组，一人发言，一人练习传译。

📖 语篇文稿：

我今天谈谈聋人译员在公检法系统的重要作用。很多人误以为聋人不能听不能说，怎么能当手语译员呢。其实在国外和国内都有不少优秀的聋人能够承担很多重要的手语传译工作。在公安审讯中，经常发生请来的听人译员看不懂嫌疑人的手语、嫌疑人也看不懂听人译员手语的情况，这时候就需要聋人译员帮助沟通。聋人译员看手语的能力很强，他们更容易看懂各种不同的地方手语、家庭手语、文盲手语，看懂后再把嫌疑人的手语转成更为规范的手语和听人译员接力进行翻译转换。在法庭庭审中聋人译员也和听人搭档共同协助法庭与证人、嫌疑人之间的沟通。一位美国律师告诉我，一次庭审中有一位证人是个14岁的聋人少年，听人译员根本看不懂他的手语，只好请一位资深聋人译员来协助，庭审才能顺利进行。

3.0 公安问讯

请扫描二维码，观看这部分的参考译文。也可提出自己的不同译法。

警　　察：你|聋人，根据|法律|法规|给(→对方)|请来|手语翻译，你|同意(征问表情)？

审讯对象：嗯，同意。我明白。

警　　察：2018|11|26|晚上，你|在|哪里(审问表情)？

审讯对象：我在朋友家里吃饭。

警　　察：凌晨|两点钟，你|在|哪里(审问表情)？

审讯对象：我喝酒喝多了，一直睡到天亮。

警　　察：出事|地|你|朋友|家|近，你|去(→那里)|有(审问表情)？

审讯对象：没有没有，我喝多了，睡得死。

警　　察：人|看|照片，他们|说|你|指点(那里)|走++。

审讯对象：认错人了吧？那肯定不是我。

警　　察：你|说|真实。

审讯对象：我说的是实话，我真的喝多了，第二天中午才醒来，然后直接回家，我朋友，还有我妈妈都能证明。

警　　察：我们|会|对照，如果|你|说谎，后果|自己|负责。

审讯对象：我保证我说的每一句话都是真话。

警　　察：本子|指点(本子)，如果|没有|问题|你|签字。

4.1 手语口译

● 法庭聋人译员的告诫

请阅读这部分的参考译文，也可提出自己的不同译法。

　　我是一名聋人，也是一名手语翻译员。我的工作内容是陪同听人手语翻译员去公安局协助警察查案。如果聋人嫌疑人不识大字，是个文盲，我的听人同事会把警察说的内容告诉我，我用手语解释给文盲聋人。为了保证翻译工作的严谨，我们互相核对内容，互相监督工作。工作结束后，我们也会复述，讨论学习，为下次的工作做好准备。

　　我在工作中碰到了很多聋人嫌疑人，他们很多因为无知而走上犯罪道路。在此我告诫各位聋人朋友工作再不好，也不要做违法乱纪的事情，找不到工作也不要去偷窃。工作不好，不要嫌弃，不要挑三拣四。钱少没关系，可以先做，积累经验。不要被利益蒙蔽双眼，轻信传销理财等各种虚假信息，不要随意转账。有问题找警察，提高警惕。

4.2 口语手译

● 聋人译员的作用

请扫描二维码，观看这部分的参考译文。也可提出自己的不同译法。

第十五课
公安问讯

译员的自我提高——知识积累和翻译转换能力的提升

一个优秀的译员不仅需要掌握工作语言，还必须拥有语言外的知识，包括百科知识和具体翻译任务涉及的专题知识。这些知识对保障准确的源语理解和译语产出起到至关重要的作用。绝大部分译员在翻译工作中都会涉及到相当多的领域。因此一个优秀的译员要有广博的知识面，并且最好能精通一至两个领域。如何能做到呢？

译员在平时应保持对学习各领域知识的兴趣，广泛阅读充实自己的知识储备；不仅要多读书，还要多闻窗外事，密切跟踪形势，了解国内外发生的大事，积极主动地扩大自己的双语词汇量。在每次接到具体的翻译任务后，尽可能地利用各种渠道，多了解传译活动所涉及的专业知识和背景信息，及时整理相关术语，保障传译过程的顺利进行。

翻译转换能力是指准确理解并获取源语所包含的信息，并对信息进行分析、梳理和记忆，同时用译入语进行组织并表达的能力。翻译转换练习可以根据自己的翻译能力分阶段进行，不要一开始就进行同步传译练习，可以先从"笔译"和"交替传译"开始。

初学者可以多做"笔译"，即有准备的翻译练习。具体练习可以在源语复述和概述的基础上进行，比如看完一段手语视频，先理解并将内容用手语复述练习的形式做一遍，然后再用口语复述一遍内容，其实就是翻译。听到一段口语发言，不要马上就边听边打手语，初学者这样很难排除源语干扰，容易养成字字对译的坏习惯。自我练习时可以在听完一段发言或者看完一段文字后，再用手语将听到、读到的内容表达出来，要求自己的手语表达流畅达意。这样的练习其实就是交替传译。等到自己的即时传译能力不断增强，就可以进行同步传译的练习了，一边看手语一边同步译为口语，或者一边听口语（或者看文字）一边同步打成手语。

二、译前准备

2.1 主题知识准备

现实生活中，聋人需要去派出所办理业务或者因为涉案或发生特殊事件去报案的情况时有发生。为了保障聋人和听人享受到同等待遇，派出所《权利与义务告知书》中明确规定了聋人享有聘请手语翻译的权利。因此，译员提前做好这方面的准备工作亦十分重要。

译员可以通过当地公安局官方网站了解派出所职能范围（办理身份证、暂住证、出国出境系列手续，开具无犯罪证明等）及具体业务操作流程、报案流程及派出所问讯流程。在自己前往派出所办理这些业务时，也应该留心注意具体流程。

除了办理业务，根据译员总结，派出所报案、问讯基本流程如下：

就坐——宣读《权利与告知书》，确认签字——讯问基本信息——讯问案情——打印笔录，被问讯人复核——复核无误，签字按指纹/复核有误，修改后签字按指纹（如果有其他证据材料也需要签字按指纹）

基于以上归纳，手语译员在接到需要陪同聋人前往派出所的任务时，应首先了解清楚其目的，是办理业务还是报案或者接受问讯，并根据不同需求，做好译前主题知识准备。

2.2 语言准备

请熟悉以下派出所业务办理、公安问询常用词句：

常用词语：

《权利与义务告知书》

签名并按手印、骑缝

常用句子：
- 我们是xxx派出所的警官，现在依法对你进行问讯。你需要申请回避吗？
- 因你是聋人，我们为你聘请xxx作为你的手语翻译，你是否认可？你能看懂他的手语吗？
- 请你简单叙述一下案情。
- 以上笔录我已看过，与事实相符。

三、对话传译

3.0 手机失窃案问讯

情景介绍:

聋人小王因涉嫌手机盗窃,在派出所接受警察问讯。请你为警察和嫌疑人之间的对话做传译。

词汇与短语:

请扫描二维码,提前熟悉对话中的词和短语。

根据本案	我知道错了,我老实交代	我找不到工作
随便逛逛	饶了我	如实回答
监控视频	根据治安管理处罚条例	依法讯问
别胡乱冤枉我	拘留	有权聘请手语翻译

传译练习:

请扫描二维码,根据视频内容进行传译练习。也可三人一组进行角色扮演,一位同学扮演嫌疑人,一位扮演警察,一位为手语译员。

📖 对话文稿

警　　察: 根据本案,现在依法对你进行讯问。你要如实回答。你有权利聘请手语翻译为你进行翻译。

嫌疑人: 翻译|需要。

警　　察: 2019年12月4日下午两点钟,你在哪里?

嫌疑人: 忘了,不记得。

警　　察: 你看看手机店的监控视频,这个人是不是你?你在这里干什么?

嫌疑人: 逛++|随便。

警　　察: 所以拿了柜台里的手机?多少台?

嫌疑人: 没有,冤枉(→我)|胡乱|不。

警　　察: 你继续看一下这个监控视频,这个人是不是你?你伸手拿了柜台里面的手机。

嫌疑人: 我|知道|错++,我|老实|交代++,饶了(→我)|可以?

警　　察: 那为什么要这样做?

嫌疑人: 钱|没有,工作|拒绝(→我)。

警　　察: 没钱也不能偷东西啊。

嫌疑人: 我|知道,下次|不敢。饶了(→我)|可以?

警　　察: 根据治安管理处罚条例,我们要对你进行拘留。笔录你看一下有没有问题,没有问题在这里签字按手印。

四、篇章传译

4.1 手语口译

● 防范理财诈骗

情景介绍：

聋人介绍了自己购买"理财"产品上当受骗的经历，借此告诫聋人朋友们不要贪小便宜，谨慎投资。

词汇与短语：

请扫描二维码，提前熟悉语篇中的词和短语。

存5万一个月利息5千	天上掉馅饼
利息高	靠劳动挣来的血汗钱才是真实的
理财公司产品	给公司发了很多短信，但是那边没有回复
我动心了	本金亏了
搞什么鬼呢	公司出事
你若信了投进的钱会全没了	赚头很大

传译练习：

请扫描二维码，根据视频内容进行传译练习，将手语同步译为口语。

📖 **语篇转写：**

我|记得|两年|前，我|朋友|告诉→我，他|存|5万一个月|取|5千。我|吃惊，我|问→他|5千|可以++(吃惊表情)。他|介绍→我|说|有|理财|公司|产品，利息|高+，5千|存|一个月|可以|拿|5百，赚|大，百分之十|多++。我|心|馋，跟→他|买|产品。开始|我|发烧|存|5万，等|一个月|取|5千，抚掌(兴奋表情)。真的|拍脸|5千|放入→我|口袋，抚掌(兴奋表情)。等|两个月|取|5千|真的，抚掌(兴奋表情)。等|三个月|取|不能！鬼|什么(焦急表情)，电话|发++→公司|不能。算了|等|指点→公司|大概|急|什么|忙++，悠闲|时间|段→过，听(突然)|公司|出事！老板|警察|抓，我|4万|亏！我|回忆|是。

我|在|指点→这里|建议|大家|市场|产品|利息|好|说|相信|不要，你|相信|投钱|空，天上|馅饼|掉|给→你|好事|没有，靠|自己|劳动|挣来|流汗|钱|最+真|放入→口袋|平安。

4.2 口语手译

● 公安手语翻译的愿望

情景介绍：

一名资深公安手语翻译综合自己十余年的职业经验，归纳了聋人参与犯罪的主要原因并提出建议。

词汇与短语：

请扫描二维码，提前熟悉语篇中的词和短语。

接手偷窃诈骗案子

了解案情

审问作案过程

不识大字

狡辩

被抓到公安局经受审问成家常便饭

迫于生计

犯罪率应该能下降不少

大学里能选择的专业有限

没辙

传译练习：

请扫描二维码，根据音频内容进行传译练习。或两人一组，一人发言，一人练习传译。

📖 **语篇文稿：**

我在公安局做手语翻译10多年了，经常接手聋人偷窃、诈骗等各种案子。警察需要了解案情，沟通非常不便。比如抓到聋人嫌疑人，要审问他的作案过程，有时遇到聋人不识大字或狡辩就没辙。所以我担任手语翻译，解决沟通问题。由于聋人接受高等教育的机会较少，大学里专业的选择也比较有限，只有美术、计算机之类。聋人毕业后找工作非常困难，很多企业不愿招聋人工作。迫于生计，有的人禁不住诱惑被拉入盗窃团伙，被抓到公安局经受审问，已成家常便饭。如果政府能够购买手语翻译服务，聋人上学有翻译协助学习，在企业里也有翻译协助沟通，那么聋人能够读上书，找到好的工作，犯罪率应该能下降不少。

3.0 手机失窃案问讯

请扫描二维码，观看这部分的参考译文。也可提出自己的不同
译法。

警　察: 根据|指点(这里)|事情，现在|对(→对方)|依法|讯
问。你|说|真实。你|聋人，有权|聘请|手语|翻译。

嫌疑人: 我需要翻译。

警　察: 2019|12|4|下午|两点，你|在|哪里(审问表情)?

嫌疑人: 忘了，不记得。

警　察: 指点(监控视频)，是|不是|你++|做|什么(怀疑表情)?

嫌疑人: 随便逛逛。

警　察: 柜子|里|手机|拿(→对方)|多少(审问表情)?

嫌疑人: 没有，别胡乱冤枉我。

警　察: 指点(监控视频)，是|不是|你(审问表情)?

嫌疑人: 我错了，我承认，我老实交代，能不能饶了我?

警　察: 为什么|做(疑问表情)?

嫌疑人: 因为没钱，我找不到工作。

警　察: 钱|没有|偷|不能。

嫌疑人: 我知道了，下次不敢。能不能放我走?

警　察: 根据|治安|管理|处罚|条例，我们|拘留(→对方)。本
子|你|看|没有|问题，按手印。

4.1 手语口译

● 防范理财诈骗

请阅读这部分的参考译文，也可提出自己的不同译法。

　　我记得两年前，我有个朋友告诉我，存5万一个月后利息5
千。我很吃惊，问他真的有5千利息? 怎么可能? 他介绍给我一
家理财公司的理财产品，还告诉我这理财产品的利息很高，5
千本金一个月利息500，赚头很大。我不禁动心了，于是跟着他
买了那款理财产品。我头脑发热，一开始存了5万，等到一个月
后去取钱，利息5千元。这钱实实在在地落入我的口袋了! 两个

月后，也是这样。三个月后，我又去取钱，却没取成！搞什么鬼呢？我急了，不停给理财公司发短信，但是都没有回复。我想，可能他们忙，先不着急。又过了一段时间，我听说那理财公司出事了！老板被警察抓了，我的4万都没了！亏了啊！

在此我建议大家不要相信市场上来源不明的理财产品，投进去的钱都要亏，没有那么多天上掉馅饼的好事，只有靠自己辛勤劳动挣来的血汗钱才是真实的。

4.2 口语手译

● 公安手语翻译的愿望

请扫描二维码，观看这部分的参考译文。也可提出自己的不同译法。

参考文献：

蔡小红. 口译评估[M]. 北京：中国对外翻译出版公司，2007.

曹嬿. 新编英汉双向口译教程[M]. 上海：上海人民出版社，2011.

冯庆华. 实用翻译教程[M]. 上海：上海外语教育出版社，1997.

何历蓉. 论"直译与意译"在英汉翻译中的对立与统一[J]. 宿州教育学院学报，2018(04): 40–43.

雷天放，陈菁. 口译教程：学生用书[M]. 上海：上海外语教育出版社，2013.

李飞燕. 基于个案的"直译"与"意译"比较研究[J]. 海外英语 2018(07): 137–138.

林郁如等. 新编英汉口译教程[M]. 上海：上海外语教育出版社，1999.

刘庆华，张惠玲. 等效翻译中直译与意译的结合[J]. 南昌航空工业学院学报（社会科学版），2003(04): 63–65.

刘艳虹，顾定倩，程黎，等. 我国手语使用状况的调查研究[J]. 语言文字应用，2013(2): 35–41.

罗媛. 直译和意译结合法翻译《背包十年》——游记翻译实践报告[D]. 江西师范大学，2004.

谭载喜. 奈达论翻译[M]. 中国对外翻译出版社，1984.

肖晓燕，高昕，赵肖. 中国大陆手语传译调查——现状、问题与前景[J]. 中国翻译，2018(6): 66–72

许渊冲. 译家之言[J]. 出版广角，1996(6): 92–94.

杨柳燕，苏伟. 口译教程：学生用书[M]. 上海：上海外语教育出版社，2014.

张帆，张妍. 直译、意译与归化、异化之比较——以林语堂译文《浮生六记》为例[J]. 英语广场，2018(07): 25–26.

张宁生. 手语翻译概论[M]. 郑州：郑州大学出版社，2009.

Nida, Eugene A. Language, Culture, And Translation[M]. Shanghai: Shanghai Foreign Language Education Press, 1993.

Gile, D. Basic Concepts and Models for Interpreter and Translator Training[M]. Amsterdam/Philadelphia: John Benjamins Publishing Company, 1995.